Georges DISCRY

PRÉSIDENT

du Centre International d'Etude-Scientifique de la Radiesthésie
de l'Academie des Sciences Radiesthésiques de Belgique
du Congrès International de Radiesthésie de Liége 1939
des Cercles Fédérés de Belgique.

LE
DIAGNOSTIC MÉDICAL
RADIESTHÉSIQUE

COMPLÉMENT DE

La Radiesthésie au Service de la MÉDECINE

MÉTHODE DE RECHERCHE
ENTIÈREMENT NOUVELLE ET
DESTINÉE AUX MÉDECINS ET
AUXILIAIRES RADIESTHÉSISTES

●

NOMBREUSES FIGURES

1941

DU MÊME AUTEUR :

La Radiesthésie au service de la Médecine.
La Colombophilie radiesthésique.

Avertissement de l'éditeur

Nos livres sont la reproduction digitale de textes devenus introuvables.

Le lecteur voudra bien excuser le léger manque de lisibilité et les imperfections dues aux ouvrages imprimés il y a des décennies, voir des siècles.

Par égard à la mémoire des auteurs et la spécificité des ouvrages, il convenait de les reproduire tels les originaux.

INTRODUCTION

Ce complément a été écrit dans le but de permettre aux médecins d'étudier les méthodes radiesthésiques et de les expérimenter, après entraînement, et d'en constater la valeur dans l'établissement du diagnostic.

Je ne me pose pas en innovateur; je ne prétends pas que mes méthodes soient absolues, mais elles peuvent servir de base pour établir des standarts et éviter des recherches inutiles.

Loin de moi la pensée de dénigrer les procédés actuels, ou de les affirmer inférieurs. Mais on constate que le succès est plutôt le résultat de la valeur professionnelle du praticien, que de l'excellence de la théorie.

J'ai voulu poser les bases d'une méthode de diagnostic radiesthésique. Par la suite, les travaux et les recherches particulières d'autres radiesthésites et de médecins viendront la compléter et la perfectionner.

L'Académie des Sciences radiesthésiques de Belgique ainsi que le Centre international d'Etude scientifique de la Radiesthésie, pourront concentrer tous ces documents en vue de former une méthode standart à la portée de tous.

On me reprochera peut-être de ne pas être assez scientifique dans mon exposé; qu'on n'oublie pas que je cherche à faire apprécier nos méthodes par tous; et dans ce but, j'emploie les termes les plus clairs et les plus compréhensibles possible.

Ce complément est le fruit de plus de quinze années de recherches effectuées avec la collaboration de médecins éminents. Ces derniers sont convaincus de l'avenir de la radiesthésie médicale; mais à une condition: il est indispensable que la formation de l'opérateur soit strictement garantie par des études « contrôlées et appropriées » au rôle auquel il se destine. On pourrait ainsi former des « Auxiliaires radiesthésiques ».

Que les somnités médicales et l'Académie de Médecine se pénètrent de cette idée. Non seulement on écarterait les incapables et les charlatans, mais on rendrait un précieux service à l'art de guérir. L'autorité du médecin n'en sera pas diminuée, la confiance du malade non plus. N'est-elle pas beaucoup plus pernicieuse à la santé cette incertitude où le malade est plongé par les avis contradictoires de différentes sommités. La confiance en la médecine s'est évanouie. Alors il généralise et devient une proie facile, pour les rebouteux, charlatans et autres profiteurs malhonnêtes et incapables.

Au lieu de nier l'évidence des phénomènes radiesthésiques, de ces ondes captées mystérieusement par le pendule, pourquoi ne pas s'y intéresser et les étudier?

Demandez donc l'avis de ces médecins bien inspirés qui ont eu le courage de s'initier aux méthodes radiesthésiques. La sûreté de leur diagnostic, la rapidité de l'amélioration de l'état de santé et la guérison ont donné pleine confiance à leurs malades; aussi, leur clientèle s'est accrue avec leur renommée. Croyez-vous sincèrement que c'est par suggestion qu'ont été guéries des maladies de la peau, maladies microbiennes ou autres?

En toute équité, vous ne pouvez condamner sans avoir fait un essai sérieux donnant toute garantie de sincérité.

Cependant j'attire ici votre attention. Il s'agit d'une science nouvelle qui « s'apprend » mais qui nécessite un sérieux entraînement afin d'augmenter la sensibilité de l'opérateur. Il ne suffit pas de tenir un pendule en main et de dire : « je ne constate rien; il tourne ou il ne tourne pas. » Je ne cesserai de dire et de répéter : « Dans des mains expertes, le pendule ne se trompe jamais, seule, l'interprétation de ses mouvements peut être défectueuse.

C'est pour cela qu'il faut en faire une étude sérieuse et approfondie. »

Voilà, chers lecteurs, ce que je tenais à vous dire avant de vous voir entreprendre la lecture et l'étude de ce complément.

Pour tous ceux qui ne sont pas médecins, j'ajoute : « Soyez prudents. » Cet ouvrage n'a pas pour but de vous inciter à faire de la médecine, la loi vous l'interdit d'ailleurs, et vous vous exposeriez à toutes ses rigueurs. Mais vous pouvez devenir un bon praticien et un excellent et précieux auxiliaire du médecin.

Lorsque vous estimerez avoir acquis assez de sûreté, adressez-vous à l'Académie des Sciences radiesthésiques, ou à moi-même son président.

Nous vous mettrons alors dans la possibilité de faire constater vos aptitudes et vos capacités par une commission médicale mixte composée de médecins partisans et non partisans.

Notre but sera alors atteint : faire la lumière, permettre de constater la valeur de nos méthodes, et servir en même temps les malades et médecins.

DISCRY.

COMMENT UN MALADE PEUT-IL OBTENIR UN DIAGNOSTIC RADIESTHESIQUE?

Habituellement le malade ne sait à qui s'adresser, car son médecin, très souvent, n'admet pas les procédés radiesthésiques, soit par ignorance, soit par parti-pris ou simplement parce que imbu de lui-même.

Le malade doit, en premier lieu, interroger son médecin traitant. Si celui-ci refuse, il pourra alors, en toute liberté, consulter un médecin radiesthésiste. S'il n'en connaît pas, il se renseignera soit au Centre international d'Etude scientifique de la Radiesthésie (1) ou à moi-même. Nous fournirons la liste des médecins sympathisants ou pratiquants habitant le plus près possible du domicile du malade.

Si ce médecin n'est pas radiesthésiste, mais admet la collaboration, le C.I.E.S.R. ou moi-même indiquera les radiesthésistes de valeur susceptibles d'être de bons auxiliaires du médecin.

N'oubliez pas que jamais un radiesthésiste ne pourra fournir une indication thérapeutique, son rôle est strictement limité. Le résultat de ses constatations ne sera communiqué qu'au médecin. Ce dernier reste seul juge et maître d'interpréter les renseignements radiesthésiques en les comparant à ses propres constatations cliniques.

(1) C.I.E.S.R. Secrétariat : Ch. Warnotte, 2, rue Tête de Bœuf, Liége.

Il est de l'intérêt du médecin de connaître les méthodes radiesthésiques et de s'en servir. Mais souvent le manque de temps ne lui permettra pas de s'entraîner suffisamment pour acquérir la sensibilité indispensable. Il fera alors appel à un auxiliaire radiesthésiste, tout comme il le ferait à un radiologue.

Il est inhumain de refuser à celui qui souffre la possibilité d'une guérison plus rapide ou l'amélioration de son état parce qu'un procédé d'examen, qui par ailleurs a fait ses preuves, n'est pas encore admis par la science officielle. Si le malade réclame ce procédé d'examen, c'est que, devant l'insuffisance ou l'inutilité de l'examen clinique et de la thérapeutique ordinaires, il a perdu confiance.

Les adversaires de la radiesthésie risquent de constater, tôt ou tard, que leurs malades perdent confiance et recherchent les soins de médecins bien avisés, et sans fausse honte, ayant à leur disposition des moyens plus étendus et plus efficaces pour l'investigation et la sélection des médicaments. Et la renommée a des ailes...

Aussi, médecins, c'est pour vous rendre service, pour vous fournir tous renseignements que je me mets à votre disposition.

C'est aussi dans ce but que le Centre international d'Etude scientifique de la Radiesthésie a été créé.

C'est également pour cela que j'ai fait l'impossible et que je lutte pour propager nos méthodes et vous permettre d'en bénéficier après avoir vérifié et constaté par vous-même les grandes possibilités et les moyens nouveaux que la radiesthésie met à votre disposition.

Méfiez-vous des charlatans, ils pullulent. Soyez prudents dans le choix de votre auxiliaire car là réside le secret du succès de la réussite.

Voilà, en résumé, quelle est la marche à suivre pour un malade désirant un examen radiesthésique. Cependant qu'il se souvienne qu'il a tout intérêt à garder sa confiance et sa clientèle à son médecin habituel. Il ne doit se décider à l'abandonner que dans le cas où il reste intraitable. Car alors, devant une erreur de diagnostic ou de thérapeutique, ce médecin sera enclin à maintenir ses conclusions, de crainte d'avouer son erreur, le malade en pâtirait.

Il n'y a pas de honte cependant à avouer son erreur, tant de forces de la nature nous restent encore inconnues. On peut être comme saint Thomas, mais, de parti pris, ne nions pas ce que nous voyons, même si nous ne pouvons le comprendre.

DE LA TROUSSE THÉRAPEUTIQUE

Comme je l'indiquais dans mon traité *La Radiesthésie au service de la Médecine,* le médecin se composera une ou mieux plusieurs trousses, comprenant une série de produits qu'il pourra augmenter suivant les besoins et possibilités. Non seulement ces trousses permettront d'effectuer une syntonisation thérapeutique, mais souvent aussi de déterminer la cause du mal dont souffre le patient.

On commencera la recherche par l'examen direct; puis ayant localisé les endroits radiant défectueusement, on examinera soigneusement les témoins les uns après les autrees; c'est ainsi que, déterminant une affection des intestins, on examinera les témoins de la trousse « maladies des intestins »; on prendra témoin par témoin et on recherchera au pendule la syntonisation. Ayant trouvé la maladie, on examinera les témoins de la trousse « intoxications ou affections microbiennes ». On pourra déduire la cause et compléter cette recherche en se reportant aux diverses planches contenues dans *La Radiesthésie au service de la Médecine* et dans cet ouvrage.

N'oubliez pas que le processus sera toujours celui expliqué dans le traité *La Radiesthésie au service de la Médecine.* La règle sera employée comme l'indique ce traité. Dans ce complément on trouvera en détail des moyens supplémentaires pour obtenir un contrôle absolu du diagnostic et de la thérapeutique.

De la trousse thérapeutique

La trousse thérapeutique du médecin pourra comprendre les tests suivants :

Déséquilibre neuro-végétatif.
Troubles vago-sympathiques.
Troubles neuro-végétatifs.
Troubles vaso-moteurs.
Excitant du sympathique.
Excitant du vague.
Hypo-vagotonique.
Stimulant ortho-sympathique.
Pneumogastrique.
Troubles d'équilibre acido-base.
Modérateur des sécrétions.

Système nerveux

Troubles nerveux.
Respiration de cheyne-stokes.
Troubles post-encéphaliques.
Paralysie bullaire.
Tabès dorsales.
Douleurs tabétiques.
Paralysie agitante.
Névrite.
Névrite rhumatismale.
Paralysie du trijumeau.
Radiculite.
Tremblement nerveux.
Crampes nerveuses.
Spamophylie.
Convulsions.
Tétasie.
Tic de la face.
Névrose
Neurasthénie.
Hystérie.
Epilepsie.
Eclampsie.
Chorée.
Emotivité.
Retard intellectuel.
Somnolence.
Dépression psychique.
Médicament servin.
Préoccupation.
Appréhension.
Anxiété.
Angoisse.
Troubles psychiques.
Troubles du sommeil.
Apathie.
Troubles maniaques.
Démence.
Stimulant de l'activité cérébrale.

Sédatifs, somnifères, stupéfiants

Céphalées.
Insomnies.
Migraines.
Algies.
Névralgies.
Sédatifs.

Dentition.
Myalgies.
Ischialgies.
Plexalgies.

Névralgies faciales.
Spasmophylie.
Antispasmodiques.
Hypnotiques.

Affections cardiaques

Affections cardio-vasculai-
res.
Cardiopathies.
Péricardite.
Endocardite.
Myocardite.
Myocardite toxique.
Infarctus du myocarde.
Arythmie extra systole.
Arythmie par fibrilation
auriculaire.
Sclérose cardiaque.
Lésions valvulaires nutra-
les.
Lésions valvulaires tricus-
pides.
Arythmie.
Asystolie.
Extra systolée.
Bradycardies.

Névroses.
Tachycardie paroxystique.
Névrose tychycardique.
Palpitations.
Angine de poitrine.
Lipothymie.
Collapsus.
Etats de choc.
Coma.
Œdème.
Diurèse.
Pouls lent.
Algus précordiales.
Vertiges.
Eblouissements.
Dyspnées.
Asthme cardiaque.
Etat asphyxique.
Cardie dépresseur.
Tonicardiaque.

Affections du sang et des voies sanguines

Affections du sang.
Ictère hémophylique.
Leucémie.
Hyperviscosité.
Hypercoagubilité.
Diathèse hémorragique.
Troubles veineux.
Stase veineuse.
Infection vasculo-sangui-
ne.

Phlébite.
Varicosité.
Ulcères trophiques.
Hémorroïdes.
Spasmes vasculaires.
Maladie de Raynaud.
Angio tonique.
Œdème sanguin.
Uricémie.
Hémostatiques.

Artérite.
Aortite.
Tumeurs anévryomale.
Mouches volantes.
Phlétéore.
Hémiplégie.
Troubles vasculaires.
Insuffisance veineuse.
Troubles vasculaires tro-
phiques.

Varices.
Ulcère variqueux.
Hypertension.
Hypotension.
Artério-sclérose.
Vaso dilatateur.
Vaso contricteur.
Présclérose.
Sclérose.

Voies respiratoires

Troubles respiratoires.
Rhinite.
Coryza.
Coryza spasmodique.
Adénoïdite.
Infection des voies respi-
ratoires.
Hydrorrhée nasale.
Bronchite.
Bronchite chronique.
Toux nerveuse.
Toux spasmodique.
Toux rebelle.
Sédatif de la toux.
Eupnéique.
Analeptique respiratoire.
Emphysème.
Hydrothorax.
Calmant dans affections
pulmonaires.
Œdème.
Alces.
Gangrène.

Sclérose pulmonaire.
Ozène.
Angine.
Angine de Vincent.
Laryngite.
Tuberculose laryngée.
Trachéite.
Affections des bronches.
Congestion des bronches.
Modificateur des sécré-
tions.
Point de côté.
Affections pulmonaires.
Congestion pulmonaire.
Pneumonie.
Pleurésie.
Dyspnée.
Hémoptysie.
Asthme.
Rhume des foins.
Grippe.
Coqueluche.

Voies digestives

Stomatite.
Pyorrhée.

Troubles des sécrétions sa-
livaires.

Pharyngite.
Gastrite.
Ulcère gastrique.
Ulcère peptique.
Dilatation.
Ptose gastrique.
Anaphylaxie alimentaire.
Aérophagie.
Dyspepsie.
Gingivites.
Plaies buccales.
Plaies muqueuses.
Paradentose.
Douleurs dentaires.
Anorexie.
Hoquet.
Etat nauséeux.
Vomissements.
Dyspepsie nerveuse.
Dyspepsie chez femme enceinte.
Atonie.

Asthénie.
Gastralgie.
Spasme digestif.
Congestion pancréatique.
Insuffisance pancréatique.
Pancréatite.
Syndromes solaires.
Insomnie digestive.
Hypochlorhydrie.
Hyperchlorhydrie.
Acidité post-pandiale.
Acidité pré-pandiale.
Palpitations.
Insomnie.
Ferments digestifs.
Intoxication digestive.
Auto-intoxication.
Infections gastro-intestinales.
Antiseptie alimentaire.
Antiseptie des voies digestives.

Maladies du foie

Troubles gastro-hépatiques.
Congestion du foie.
Ictère (jaunisse).
Maladie du foie.
Coliques hépatiques.
Lithiase biliaire.
Calculs biliaires.
Angio cholite.
Cholémie familiale.
Auto-intoxication du foie.
Ascite.

Insuffisance hépatique.
Hépatite.
Cholalogue.
Constipation hépatique.
Stimulant biliaire.
Cholécystite.
Maladie de la vésicule.
Atonie vésiculaire.
Cirrhose.
Antisepsie du foie.
Antisepsie biliaire.
Œdème.

Maladies des intestins

Entérite.
Diarrhée.

Gastro-entérite.
Dysenterie.

Diarrhée amibienne.
Diarrhée toxique.
Diarrhée parasitaire.
Ulcère de l'intestin.
Appendicite.
Lithiase intestinale.
Atonie.
Ptose intestinale.
Météorisme.

Colibacillose.
Diarrhée cryptogénitique.
Diarrhée tuberculeuse.
Constipation.
Laxatifs.
Spasmes du colon.
Spasmes intestinaux.
Coliques.
Antisepsie intestinale.

Vers intestinaux

Parasites intestinaux.
Affections vermineuses.
Oxyures.
Cestodes.
Nématodes.
Affection spirobacilaires.
Vermifuges.

Toenias.
Trichocéphales.
Amibiase.
Lambiase.
Tripanosomiase.
Spirochétose.
Antelmintiques.

Affections des reins

Syndromes entéro-rénaux.
Affections des reins.
Affections des voies uri-
naires.
Néphrite.
Néphrite œdémateuse.
Néphrite scléreuse.
Albuminurie.
Lithiase rénale.
Atonie vésicale.
Cystite.
Pyélonéphrite.
Pyélite.

Infections urinaires.
Antisepsie urinaire.
Urémie.
Diurétiques.
Uricémie.
Œdème rénal.
Déchlonération.
Affections de la vessie.
Incontinence.
Rétention.
Oligurie.
Pollakiurie nocturne.
Blennorragie.

Affections génito-uréthrales

Prostatite.
Syphilis.
Syphilis tertiaire.
Varicocelle.
Hydrocèle.

Syphilis buccale.
Hérédo-syphilis.
Gonococcie.
Kystes spermatiques.

Affections de la peau

Tissus cellulaire.
Dermatose.
Dermatose sériques.
Dermatose professionnelle.
Erisypèle.
Urticaire.
Strophulus.
Intertrigo.
Impétigo.
Erythème polymorphe rupin.
Cornédons.
Acnés.
Pyodermites.
Furonculoses.
Anthrax.
Couperose.
Zona.
Pommade dermique.
Pommade cicatrisante.
Franboesias.
Lichen.
Lichen pian.
Pian.
Affections protozoaires.
Brûlures.
Décubitus.
Ulcérations.
Ulcérations diabétiques.

Eczéma.
Penphigus.
Herpes.
Dartres.
Psoriasis.
Prurigo d'Hébra.
Engelures.
Plaies atones.
Plaies suppurantes.
Plaies fistuleuses.
Escares.
Maladies de Quincke.
Œdème localisé.
Affection du cuir chevelu.
Pelade.
Seberrhée.
Mycosis.
Antiphlogistique.
Ulcères variqueux.
Ulcères trophiques.
Fistule anale.
Fissures.
Gangrène.
Phtiriasis.
Prurits.
Dyshydrose palmaire.
Pommade désodorisante.
Pommade rératoplastique.

Affections utéro-ovariennes

Puberté.
Retard de la puberté.
Troubles chez la jeune fille vierge.
Règles douloureuses.
Troubles des règles.
Troubles ovariens.

Congestion ovarienne.
Ménopause.
Bouffée de chaleur.
Salpingite.
Vaginite.
Décongestif pelvien.
Insuffisance ovarienne.

Aménorrhée.
Hypoménorrhée.
Dysménorrhée.
Oligoménorrhée.
Métrorragies.
Trouble de la ménopause.
Flueurs blanches.
Ovules utéro-vaginaux.
Prurit vulvaire.
Sédatif utérin.
Sédatif utéro-vaginal.
Castraties.
Sclérose utérine.
Accouchement.
Placenta.

Crevasse aux seins.
Allaitement.
Hypoplasie génitale.
Avortement.
Grossesse.
Stérilité.
Vomissements.
Dyspepsie chez femme enceinte.
Trouble sécrétion lactée.
Troubles nervo-génitaux.
Irritation génitale.
Frigite par hypo-ovarie.
Asthénie génitale.

Affections osseuses

Fractures.
Pseudarthroses.
Affections osseuses.
Ostéomyélies.
Ostéomalacie.
Tuberculose osseuse.

Rachitisme.
Mal de Pot.
Dystrophie osseuse infantile.
Moelle osseuse.

Affections des articulations

Epanchement articulaire.
Pseudo-arthrose.
Arthrite.
Arthropathies.

Arthrialgies.
Ischialgie.
Kystes synoviaux.
Hygromas.

Affections musculaires

Myalgie.

Myopathies.

Affections lymphatiques

Lymphatisme.
Adénopathie.
Adénoïdite pharyngienne.

Abcès froids.
Scrofule.
Tissus cellulaire.

Affections autres

Arthritisme.
Neuro-arthritisme.
Rhumatisme musculaire.
Sciatique.
Diathèse rhumatismale.
Goutte.
Diabète.
Diabète insipide.
Ulcère diabétique.
Maigreur.
Mal de mer.
Néoplasies.
Adénome prostatique.
Lipome.
Fibrome.
Carsinome.
Tumeurs diverses.
Cancer.

Tumeurs bénignes.
Rhumatisme.
Rhumatisme chronique.
Rhumatisme endocrinien.
Rhumatisme cervico-brachia.
Rhumatisme intercostal.
Rhumatisme articulaire.
Arthralgie.
Courbature.
Torticolis.
Lumbagos.
Névrite rhumatismale.
Névrite du trijumeau.
Myalgie.
Pommade antirhumatismale.

Déséquilibre neuro-végétatif

Troubles neuro-végétatifs.
Troubles vago-sympathiques.
Troubles vago-moteurs.
Action sur le pneumogastrique.

Excitant du sympathique.
Excitant du vague.
Hypo-vagotonique.
Stimulant ortho-sympathique.

Troubles de l'équilibre acédo-base

Modérateur des sécrétions.

Adhérences cicatricielles.

Asthénie - Croissance

Déficience cellulaire.
Troubles du développement.
Croissance.
Retard de croissance.
Déchéance physiologique.

Surmenage.
Anémie.
Anémie pernicieuse.
Anémie tropicale.
Cachexie.
Chlorose.

Lymphatisme.
Reminéralisateurs.
Cytophylaxie.
Amaigrissement.
Assoupissement.
Asthénie.
Asthénie génitale.
Asthénie féminine.

Adynamie.
Fatigue.
Surmenage cérébral.
Action tropique.
Convalescence.
Stimulant général.
Tonique général.
Reconstituant.

Intoxications

Intoxications.
Intoxications alimentaires.
Toxicomanie.
Toxi-infection.
Intoxication par opium.
» belladoné.
» chloral.
» mercure.
» arsenic
» plomb.
Auto-infection.

Intoxication par alcool.
Alcoolisme.
Intoxication par éther
» café.
» cocaïne.
» laudanum.
» morphine.
» bismuth.
Antidote cyanure.
Antitoxique.

Anaphylaxie

Anaphylaxie.
Désensibilisateur.

Rhume des foins.
Accidents sériques.

Maladies des yeux, du nez et des oreilles

Œil
Troubles oculaires.
Blépharite.
Orgelet.
Conjonctivite.
Mydriatique.
Collyre.
Iritis.
Rératite.

Chalazien.
Dacryocystite.
Nez
Rhinite.
Hydrorrhée nasale.
Ozene.
Oreilles
Bourdonnements de
l'oreille.

Tuberculose

Pulmonaire.
Tuberculose du larynx.
Tuberculose osseuse.
Mal de Pott.
Fièvre des tuberculeux.
Sueurs des tuberculeux.

Dysphagie des tuberculeux.
Hémorragie des tuberculeux.
Scrofule.
Diarrhée.

Maladies des enfants

Asphyxie des nouveaux-nés prématurés.
Débilité congénitale.
Adénopathie.
Vomissements des nourrissons.

Troubles nerveux infantiles.
Spasmophylie.
Convulsions.
Rachitisme.
Dytrophie infantile.

Affections microbiennes

Maladies infectieuses.
Infection chronique.
Antistaphylococcie.
Anatoxime staphyloc.
Antistreptocoque.
Colibacillose.
Antiozeneux.
Antipyorrhéique.
Antimétrite et annexite.
Fièvre de Malte.
Défense des maladies.
Atoxique.
Bactéricide.
Ferments lactiques.
Métacuprel (sulf. de cuiv.)
Coli - strepto - staphylo - pyog.
Coli - strepto - staphylo - pyog. protéus.
Pneumo - entéro-staphylo-tétragène.

Septicémie.
Entéro - coli - strepto - staphylo - prot. - sarcine - pyogène.
Antipyogènes.
Bacille d'Eberth.
Paratyphoïde.
Bactérophage.
Antineuritique.
Antibroncho-pneumonique.
Entéro - coli - strepto - staphylo - protéus.
Antityphoïdique.
Coli - typhique - paratyphique.
Vaccin intestinal.
Anticoquelucheux.
Antidiphtérique.
Antipneumonique.
Antigonoccocique.
Antirhumatismal.

Oreillons.
Paludisme.
Tripanosomiase.
Bakolyse.

Anti-infectieux.
Antisepsie interne.
Accidents sériques.
Dermite sérique.

Divers

Antithermique.
Médication iodée.
Médication soufrée.
Balnéothérapie.
Médication acidomine thé-

rapie.
Maladies des pays chauds.
Sueurs profuses.
Sénilité.

Thérapeutique glandulaire

Troubles endocriniens.
Déficience glandulaire.
Excitant endocrinien.
Minéralisateur endocri-
nien.
Lécithine.
Cerveau.
Lécithine cérébrale-surré-
nale.
Thyroïde.
Troubles thyroïdiens.
Insuffisance thyroïdienne.
Congestion thyroïdienne.
Irritation thyroïdienne.
Insuffisance parathyroï-
dienne.
Hyperthyroïde.
Goitre.
Myscœdème.
Parathyroïdien.
Affection cardiaque.
Affection cardiaque réna-
le.
Sang, sérum.
Extrait sanguin (hématies
et plaquettes).

Bile.
Pancréas désinsuliné.
Pancréas.
Pancréatine, sécrétine, sels
biliaires.
Insuline.
Pancréas et duodénum.
Rate.
Intestin.
Rein.
Surrénale.
Prostate.
Tubes séminifères.
Hormone sexuelle (mâle).
Déficience glandulaire (fe-
melle).
Ménopause dysendocrinien.
Troubles de la cinquantai-
ne (homme).
Ménopause (homme).
Déficience glandulaire
(homme).
Antistérilité (homme).
Asthénie génitale (hom.).
Muqueuse gastrique.
Extrait musculaire.

4

Foie.

DIAGNOSTIC MÉDICAL RADIESTHÉSIQUE 25

Foie.
Foie-estomac.
Foie et pancréas.
Foie et reins.
Foie et embryon.
Foie, rate, moelle.
Foie, fer.
Troubles thymo-lymphatiques.
Moelle épinière.
Thymus.
Thymus et antéhypophyse.
Hypophyse.
Antihypophyse.
Posthypophyse.
Insuffisance hypophysaire.
Infantilisme.
Trouble appareil génital (homme).
Orchite.
Impuissance.
Cryptorchidié.
Atrophie testiculaire.
Insuffisance orchitique.
Ovaire.

Corps jaune.
Folliculine.
Ovaire et divers glandulaires.
Ovaire et folliculine.
Extrait mammellaire.
Placenta.
Glandes interstitielles (femme).
Glandes interstitielles (homme).
Glandes totales.
Syndrome adisposé: génital.
Tissus osseux.
Graisse osseuse.
Moelle des os.
Muscles striés.
Muscles lisses.
Muscles cassés.
Peau.
Suc pluriglandulaire.
Syndrome adisposo - génital.

Vitamines

Xérophtalmie	Vitamine A	
Arrêt de croissance	»	A-B $^{1-2}$ C-D
Résistance aux infections	»	A
Antibéri-bérique	»	B
Antinévritique	»	B
Antipellagre	»	B
Déficience digestive	»	A-B $^{1-2}$ C-D
Antiscorbutique	»	C
Antirachitique	»	D
Anti-infectieuse et osseuse	»	A-D
Anti-stérilitique	»	E.

Régions douloureuses

1. Région frontale :   Périostite.
                              Névralgie supra-orbitaire.
                              (Zone en bandeau doulou-
                              reuse hémicranienne et
                              de la tempe du côté de la
                              salpingite).
2. Joues sup. :   Périostite.
                              Névralgie.
3. Joues inf. :   Oreillons.
4. Oreille :   Otite.
5. Gorge :   Pharyngite.
                              Amygdalite.
                              Goître.
                              (Siège du réflexe de toux
                              utérine.)
6. Sternum :   Hypertrophie des gan-
                              glions bronchiques.
7. Epaule :   Rhumatisme.
                              Arthrite rhumatismale.
                              Tuberculose articulaire.
8. Poitrine :   Mastite.
                              (Point douloureux du ma-
                              melon.)
9. Côté latéral de la poi-
   trine :   Névralgie intercostale.
                              Pneumonie.
                              Pleurésie.
                              Rhumatisme.
                              Herpès-zona.
10. Bras :   Rhumatisme aigu.
                              Tumeur (fibrome).
                              Névrite.
11. Main :   Rhumatisme chronique.
                              Crampe des écrivains.
12. Région   hypochendri-
    que :   Pleurésie.
                              Plaurodynie.
                              Rhumatisme (aigu).

13. Région épigastrique :   Pleurésie diaphragmatique (point épigastrique et des lombes à l'arrière).

14. Région ombilicale :   (Zone en ceinture douloureuse de la hanche.) (Salpingite.) Péritonite tuberculeuse. Rhumatisme.

15. Région iliaque :   Rhumatisme chronique. (Ovarite.) Prostatite.

16. Région pubienne :   (Affections ligamentaires) (Fibromes utérins.) (Trompes-la flèche indique le sens de la douleur réflexe allant vers la rotule.)

17. Cuisse :   Névralgie crurale antérieure. Névrite. Sciatique. (Points douloureux des cuisses avec douleur descendante vers la rotule et ascendante vers le pli de l'aîne.)

18. Genou :   Arthrite gonorrhéique. Inflammation rotulienne. Rhumatisme. Synovite tramatique.

19. Jambe :   Périostite. Rhumatisme.

20. Pied :   Goutte. Névralgies. Engelures.

21. Vertex :   Périostite syphilitique.

22. Région pariétale :   Névralgie de la 5e paire. Rhumatisme. Périostite syphillitique. (Zone douloureuse dans la salpingite.)

23. Région occiptale:	Névralgie de la 5ᵉ paire. Rhumatisme (céphalody-ne).
23. Région occipitale :	Rhumatisme. Adénite cervicale. Torticolis.
25. Région dorsale et sca- pulaire (sus et sous):	Pleurésie. Pleuro-pneumonie. Tumeurs simples. Rhumatisme chronique. (Inflammations org. gén.) Aff. pulmonaires. Aff. pleurales.
26. Région lombaire:	Lumbago. (Endométrite.) (Ovarite.) Rhumatisme.

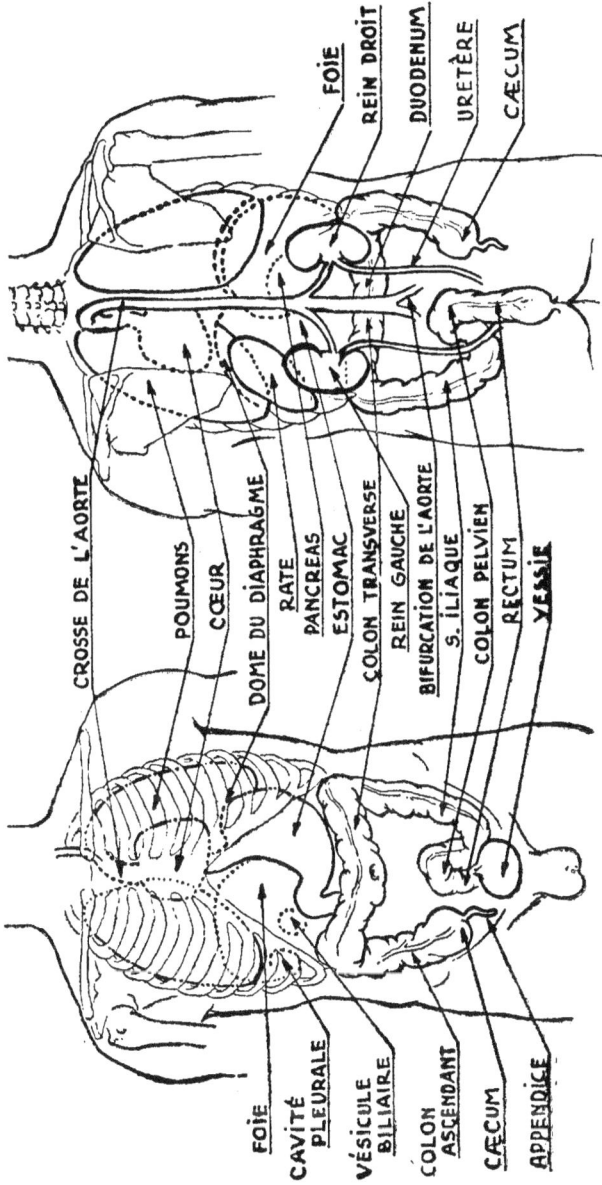

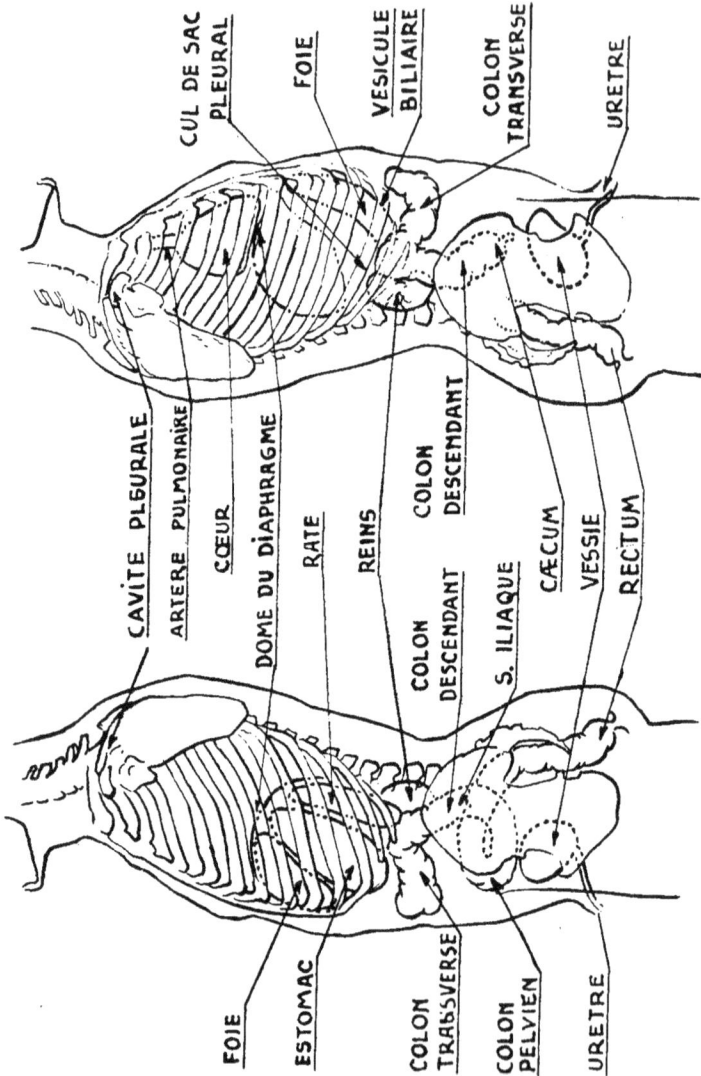

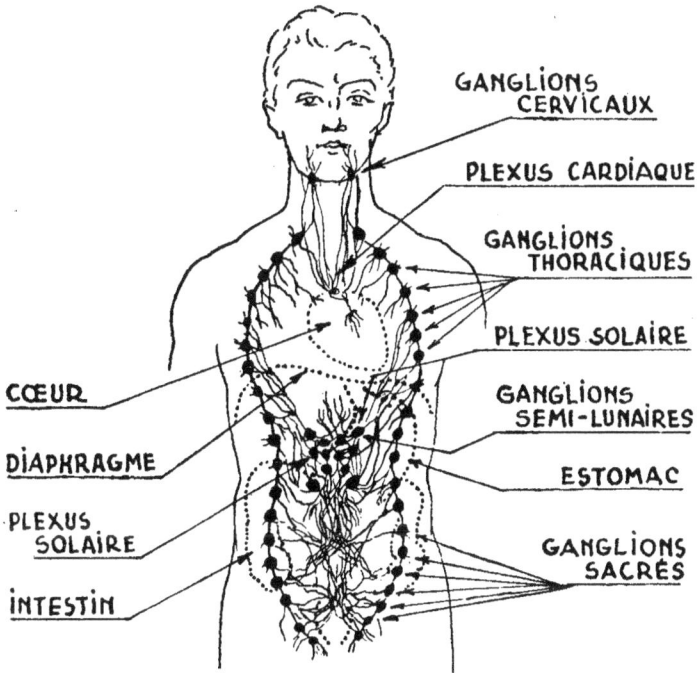

GANGLIONS
CERVICAUX

PLEXUS CARDIAQUE

GANGLIONS
THORACIQUES

PLEXUS SOLAIRE

GANGLIONS
SEMI-LUNAIRES

ESTOMAC

GANGLIONS
SACRÉS

CŒUR

DIAPHRAGME

PLEXUS
SOLAIRE

INTESTIN

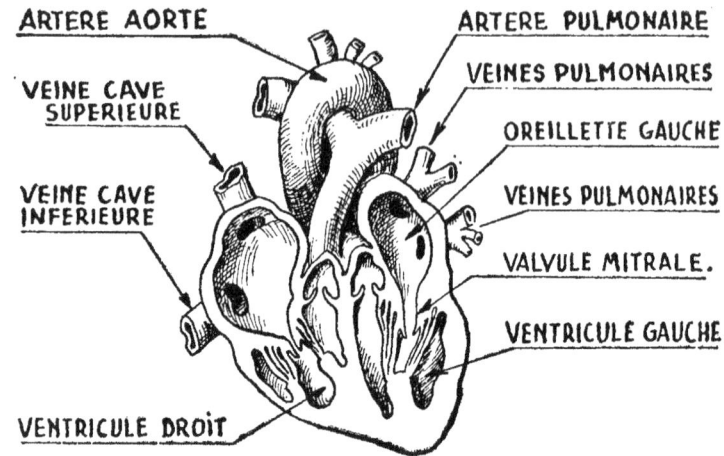

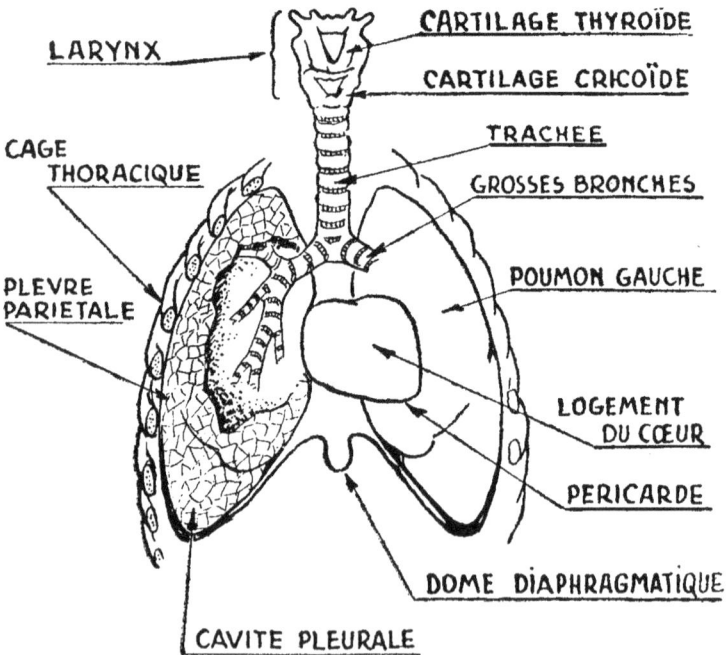

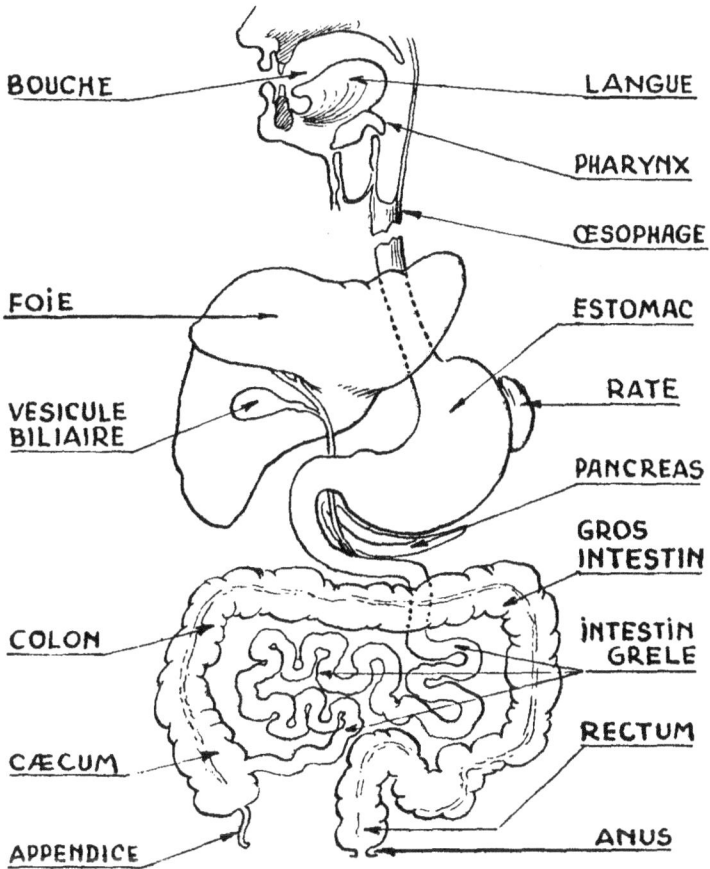

BOUCHE

LANGUE

PHARYNX

ŒSOPHAGE

FOIE

ESTOMAC

RATE

VESICULE
BILIAIRE

PANCREAS

GROS
INTESTIN

COLON

INTESTIN
GRELE

RECTUM

CÆCUM

APPENDICE

ANUS

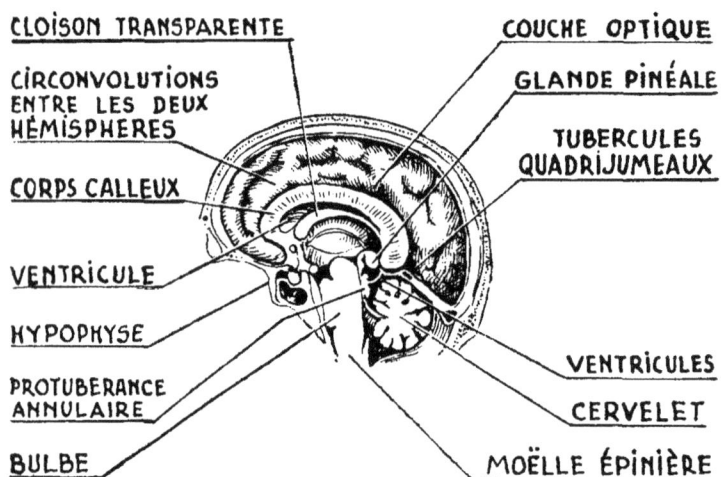

CLOISON TRANSPARENTE   COUCHE OPTIQUE

CIRCONVOLUTIONS   GLANDE PINÉALE
ENTRE LES DEUX
HÉMISPHÈRES   TUBERCULES
                                    QUADRIJUMEAUX
CORPS CALLEUX

VENTRICULE

HYPOPHYSE   VENTRICULES

PROTUBERANCE
ANNULAIRE   CERVELET

BULBE   MOËLLE ÉPINIÈRE

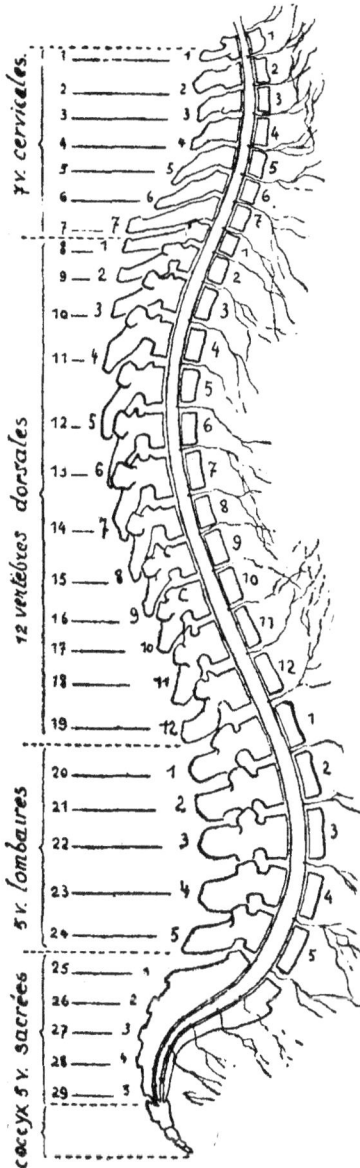

1-2 — Trouble céphalique, insomnie, migraine.

3-4 — Gorge, nez, oreilles.

5 — Plexus nerveux du cou.

6-7-8 — Bronchite, laryngite, affection des poumons, médium cubital radial.

9 — Cœur.

10 — Estomac.

11 — Vésicule bilaire, pancréas.

12 — Foie.

13-14-15 — Troubles gastro-intestinaux.

16 — Reins.

17 — Diaphragme.

18 — Pylore, nerf lombaire.

19 — Duodénum, plexus abdominal ou solaire des nerfs sympathiques.

20 — Colon, grand abdomen génital.

21 — Appendice.

22 — Péritonite crural.

23 — Rectum, vertèbres lombaires, obturateur.

24 — Plexus pelviens des nerfs sympathiques.

25 — Constipation.

26 — Sciatique.

27 — Vessie, ovaire; utérus.

28 — Prostate.

29 — Membres inférieurs.

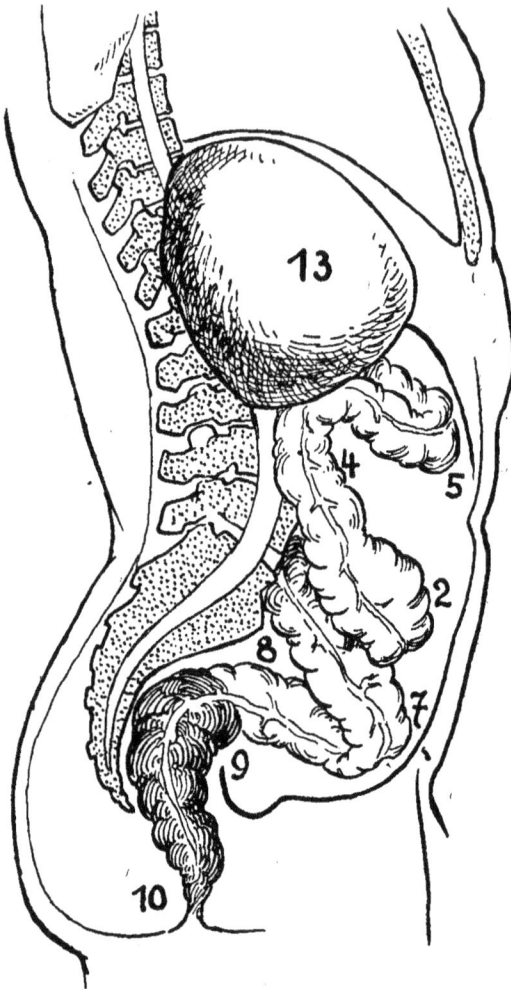

LES COLONS

1 — Iléon.   2 — Coecum.   3 — Appendice.

4 — Colon ascendant (brassage et péristaltisme, absorption de l'eau, matières pâteuses, acides).

5 — Coton transverse (mêmes fonctions et sécrétions (lubré-fiantes, mat. pâteuses, neutres).

6 — Colon descendant. 7 — Colon iliaque. 8 — Anse sygmoïde.

9 — Rectum (masses fermées, alcalines).

10 — Anus et sphincter (défécation).

11 — Estomac.   12 — Rate.   13 — Foie.

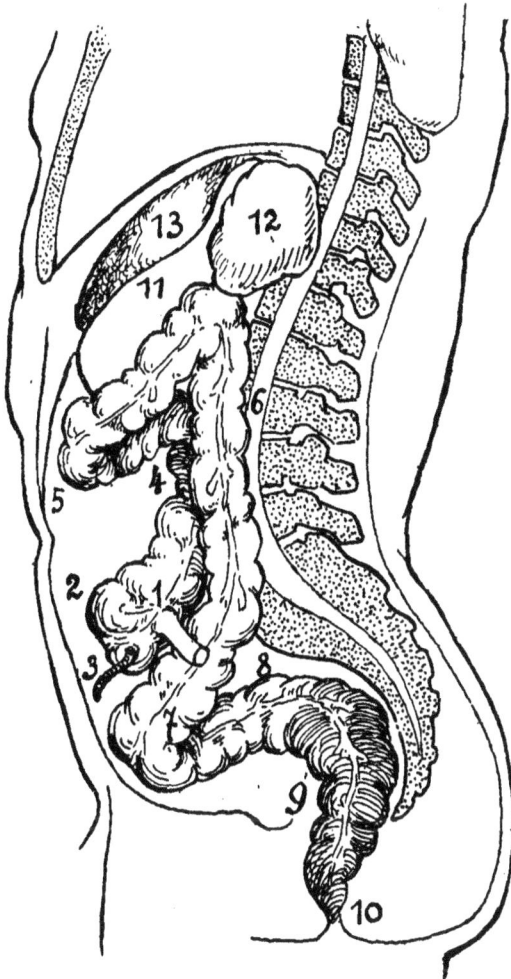

1 — Ptose stomacale.
2 — Spasme de l'anus et atonie rectale.
3 — Constipation spastique.
4 — Rétrécissement du colon descendant.
5 — Diverticulum de l'intestin.
6 — Elongation et fléchissement du colon transverse (colon en V).
    (Matires stercorales dans le divertièculum).

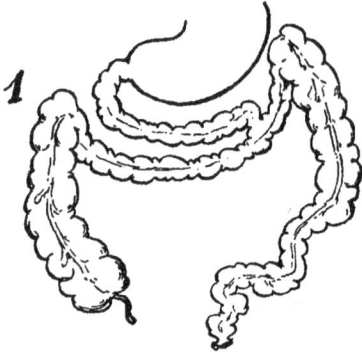

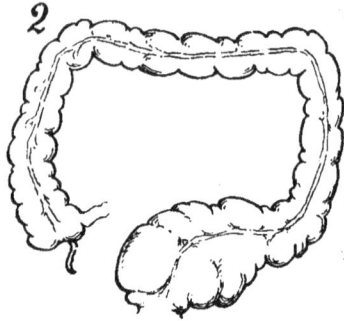

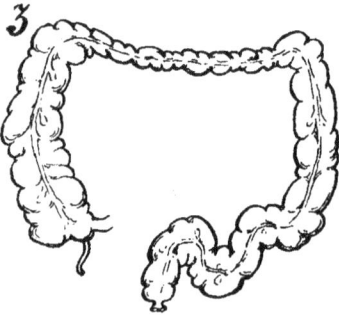

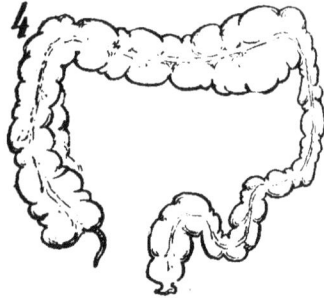

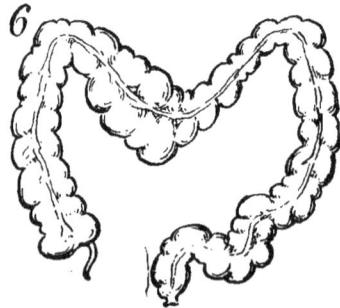

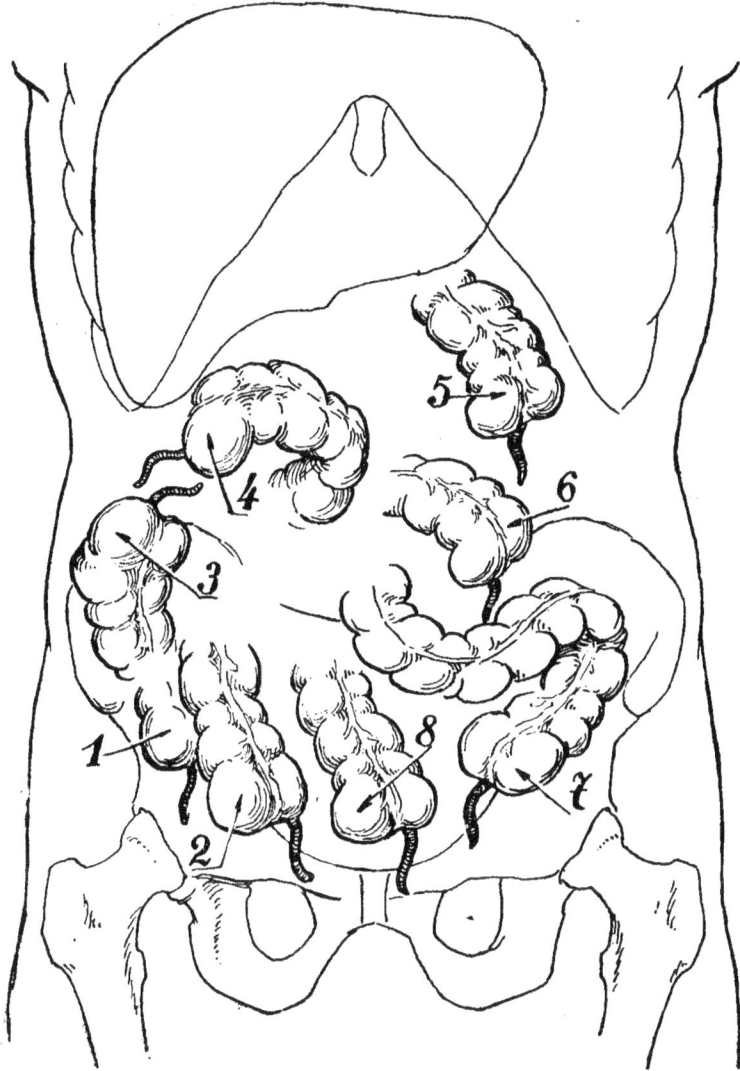

ANOMALIES DE POSITION DU COCECUM

1 — Situation normale.
2 — Position Pelvienne basse.
3 — Coecum erectum (rare)
4 — Position sous-hépatique prérenale.
5 — Position dans l'hypocondre gauche.
6 — Position su-iliaque, gauche.
7 — Position dans la fosse iliaque gauche.
8 — Position entre la vessie et le rectum.

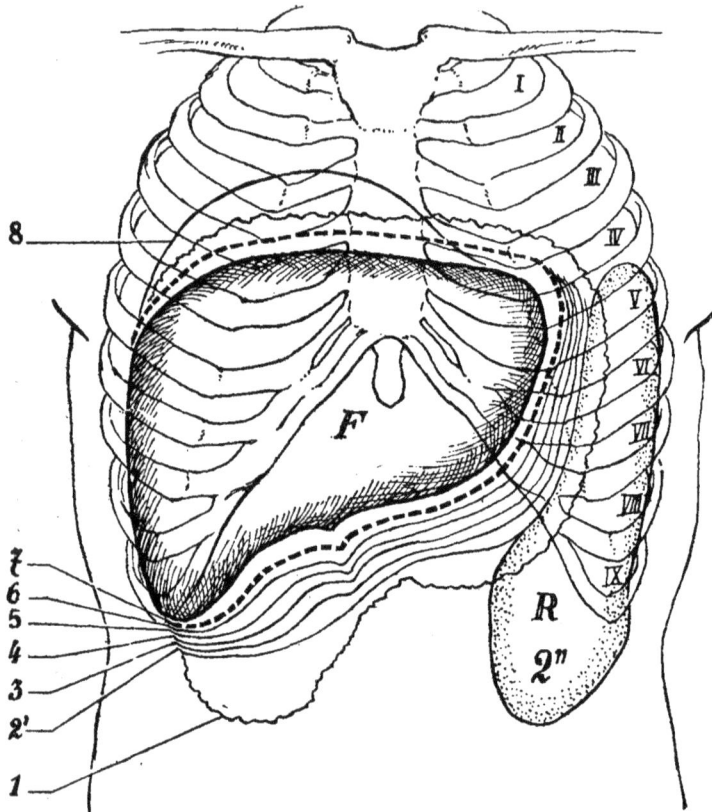

SCHEMAS DES DIFFERENTES SORTES DE GROS FOIES

F. — Foie.   I. — F. amibien.
2 — Cirrhose de Hanet, avec rate hypertrophiée.
2"— Rate hypertrophiée.   3 — Cirrhose graisseuse.
4 — Cirrhose veineuse.   5 — Hépatite infectieuse.
6 — Gros foie de l'acèse pernicieuse.
7 — Foie cardiaque.   8 — Kyste hydatique.
Si gros foie seul : hypertension ou hyposystolie, ou tuberculose ou
    foie amibien.
Si gros foie et ictère : maladie de Hanet (grosse rate), cancer,
    lithiase du cholédoque.
Si ascite plus grosse rate : cirrhose de Hanet-Gilber, syphilis, pa-
    ludisme, foie amyloïde, leucémie aiguë.
Si gros foie partiel : kyste hydatique, abcès amibien, diabète (à
droite), alcool (à gauche).

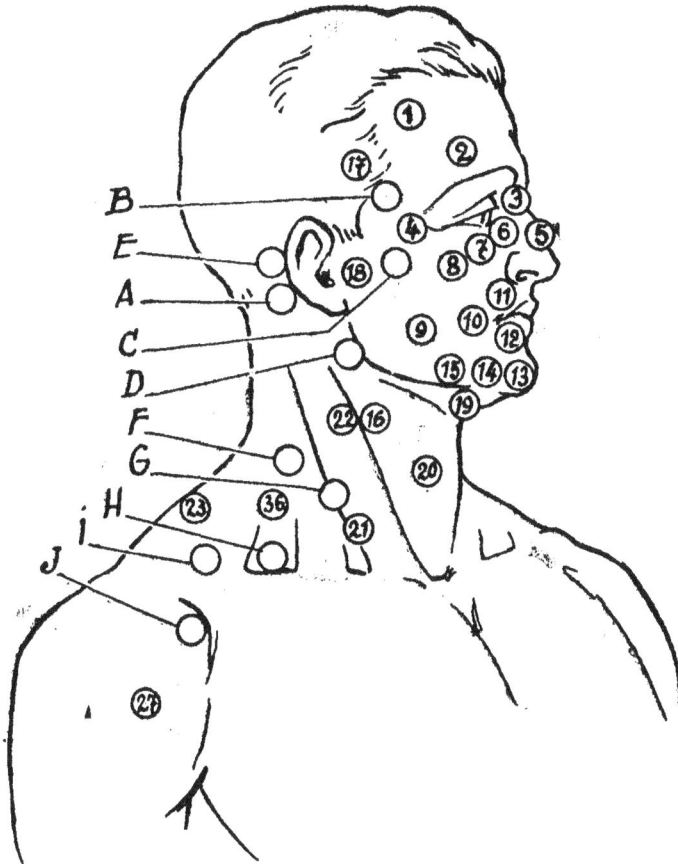

Territoire du nerf facial :
A — Nerf facial.   C — Nerf facial.
B — Nerf facial.   D — Nerf facial.
E — Nerf auriculaire postérieur.
1, 2, 3, 4, 5, 6, 7, 8, 9, 10, 11, 12, 13, 14, 15, 16.
Territoire du trijumeau (nerf maxillaire inférieur) :   17, 18, 19.
Territoire du nerf hypoglosse : 20, 21.
Territoire du nerf spinal :
F. — Nerf spinal. 22, 23.
Territoire du plexus cervical :
G. — Nerf phrénique. 36.
Territoire du plexus brachial :
H. — Plexus brachial (point d'Erb).
I. — Nerf circonflexe.
J. — Nerf du grand pectoral. 27.

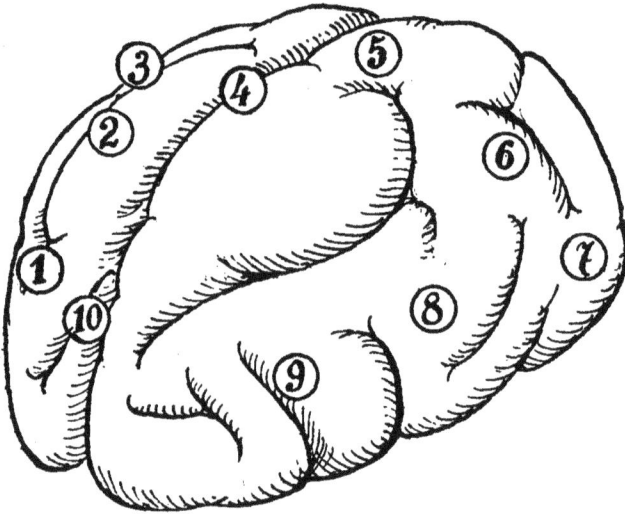

Centres des mouvements :

1 — Intellectuel général.
2 — des lèvres et de la face.
3 — de la tête et du cou.
4 — du membre supérieur. —
5 — du membre inférieur.
6 — Centre moteur de l'œil (de la lecture).
7 — Centre de la vue,
8 — Centre de la sensibilité générale.
9 — Centre de l'audition spécialisée des mots (langage).
10 — Centre du langage articulé.

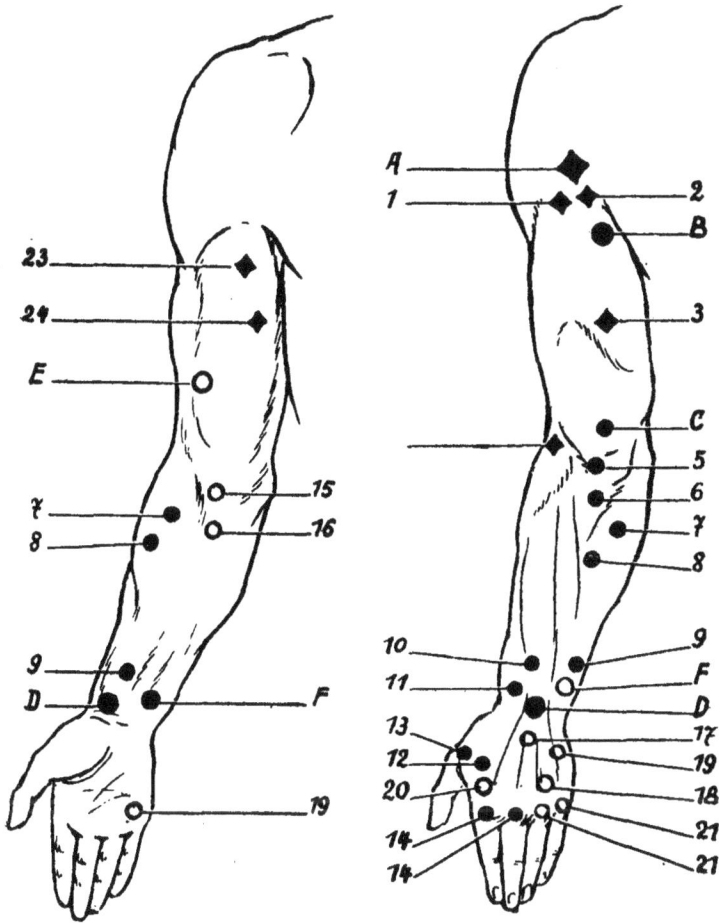

Territoire du musculae-cutané :
A. — Nerf Musculo-cutané.
1, 2, 3, 4.
Territoire du nerf médian :
B. — Nerf médian.
C. — Nerf médian.
D. — Nerf médian.
5, 6, 7, 8, 9, 10, 11, 12, 13, 14.

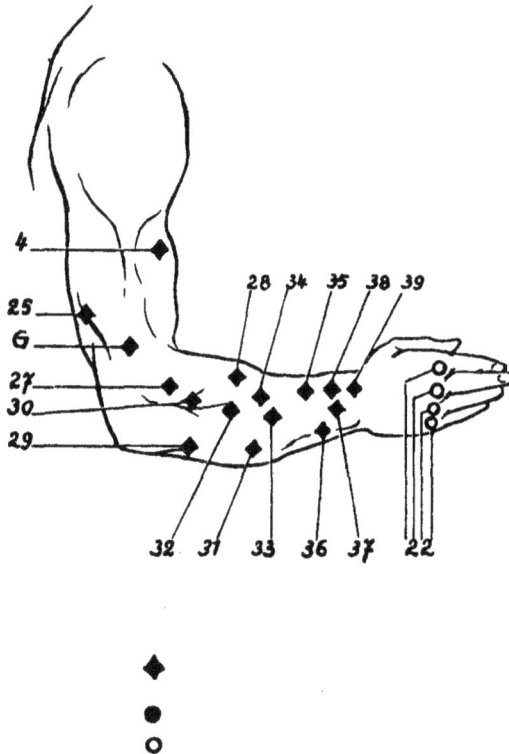

Territoire du nerf cubital :
E. — Nerf cubital.
F. — Nerf cubital
15, 16, 17, 18, 19, 20, 21, 22.
G. — Nerf radial.
Territoire du nerf radial :
23, 24, 25, 26, 27, 28, 29, 30, 31, 32, 33, 34, 35, 36, 37, 38, 39.

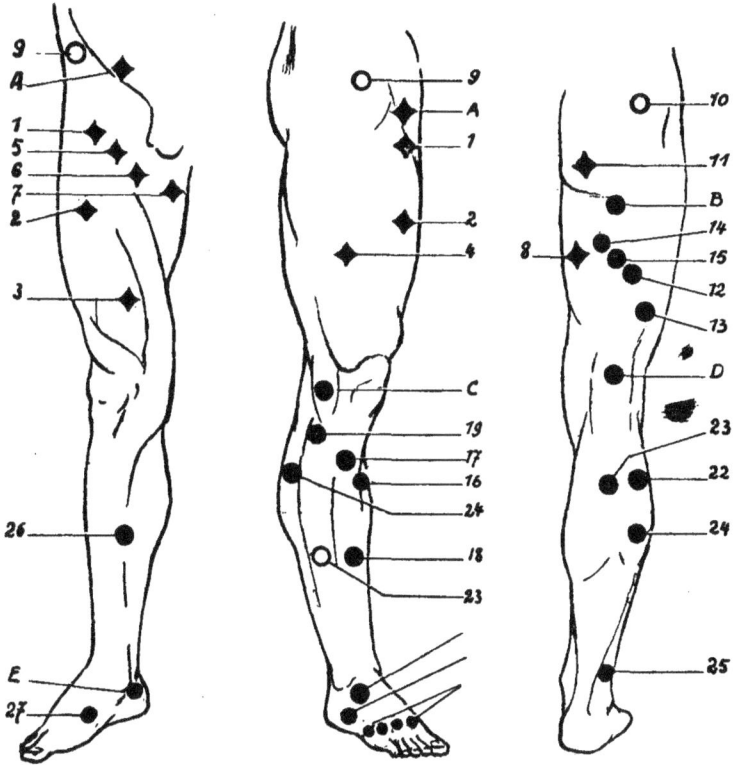

PLEXUS LOMBAIRE

Territoire du nerf crural :
A. — Nerf crural. 1, 2, 3, 4, 5.
Territoire du nerf obturateur : 6, 7, 8.

PLEXUS SACRE

Territoire du nerf fessier supérieur : 9, 10.
Territoire du petit sciatique : 11.
Territoire du grand sciatique :
B. — Nerf sciatique.
C. — N. poplité externe.
D. — N poplité interne.
E. — Nerf tibial postérieur.
12, 13, 14, 15, 16, 17, 18, 19, 20, 21, 22, 23, 24, 25, 26, 27, 28, 29.

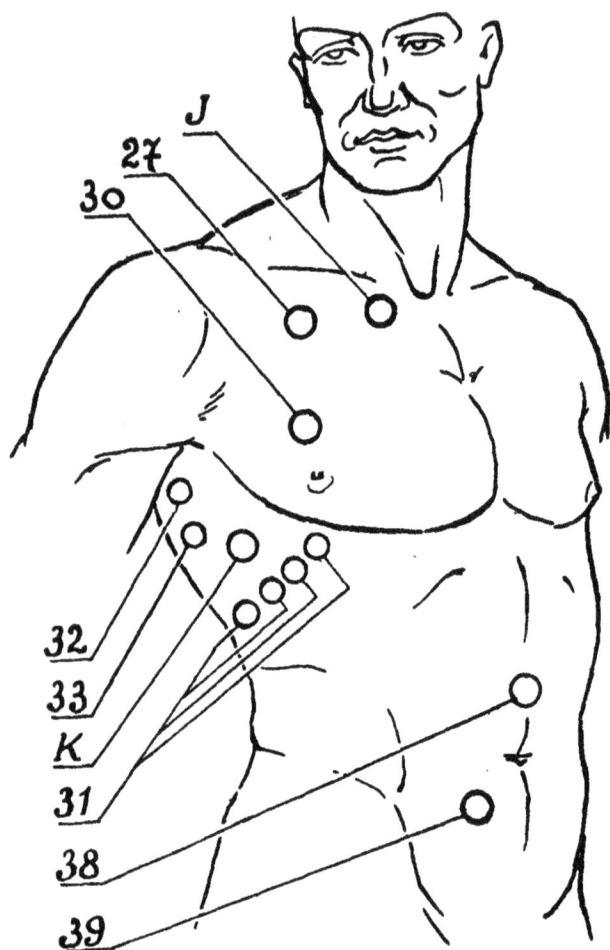

Territoire du plexus brachial :

H. — Plexus brachial (point d'Erb).
I. — N. circonflexe.
J. — N. du grand pectoral.
K. — N. du grand dentela.
27, 28, 29, 30, 31, 32, 33, 34, 35.

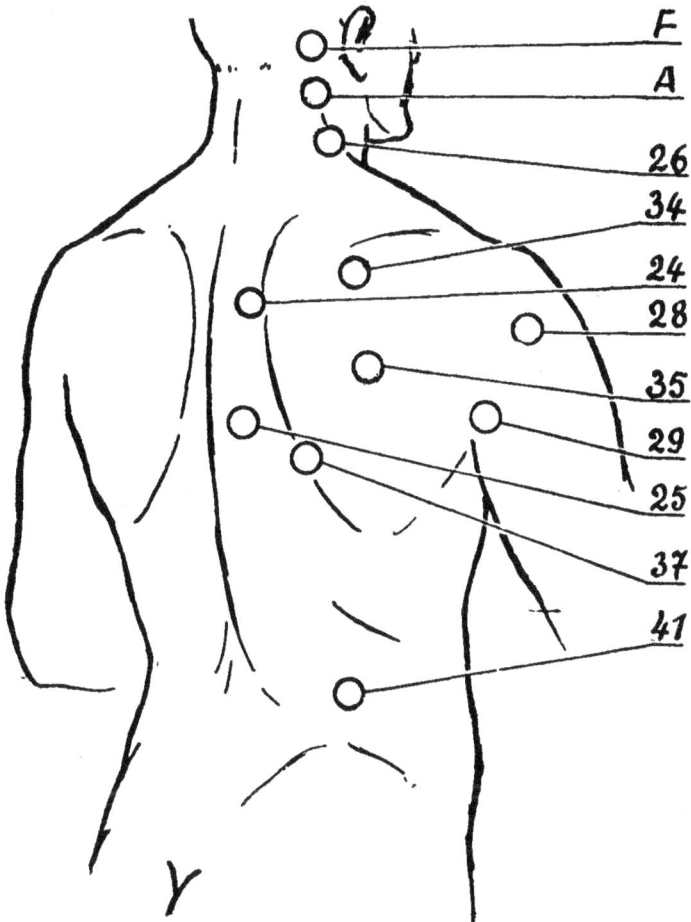

Territoire du plexus cervical :
24, 25, 36, 37.

Territoire des branches postérieures des nerfs cervicaux.
26.

Territoire des nerfs dorsaux et des nerfs abdominaux-génitaux :
38, 39, 40, 41.

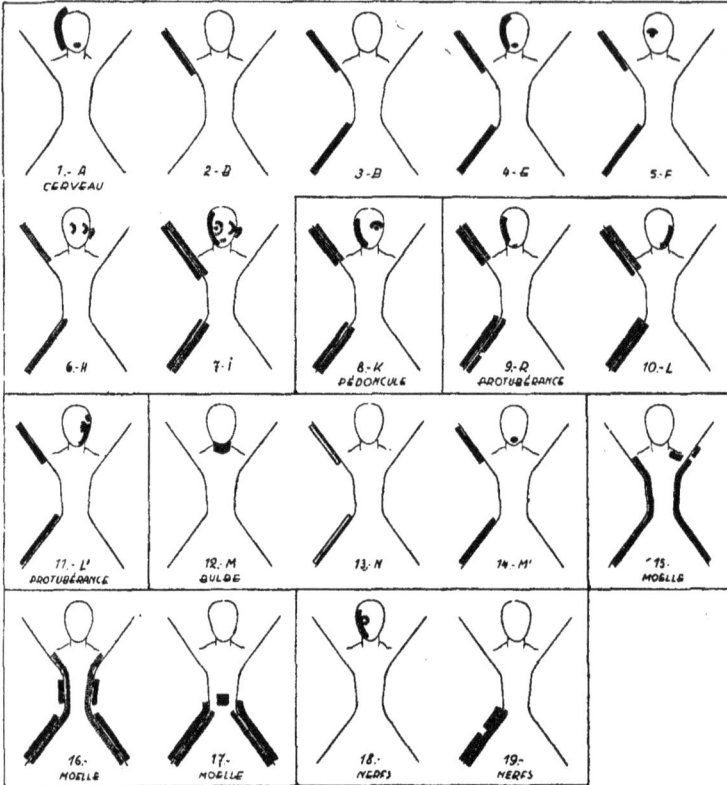

Les schémas de 1 à 17 représentent des affections d'origine centrale; pour permettre plus facilement la comparaison la lésion a toujours été supposée à gauche dans les centres. Les schémas 18 et 19 montre deux exemplss de lésions périphériques.

Les *lignes pleines* indiquent des paralysies.

Les *lignes hachurées* indiquent des anesthésics.

1 — Paralysie de la langu eet de la face droite.

2 — Paralysie du bras droit.

3 — Hémiplégie incomplète droite.

4 — Hémiplégie complète droite.

5 — Hémiplégie incomplète et paralysie de la troisième paire, c'est-à-dire déviation du globe oculaire et paralysie du releveur de la paupière supérieur.

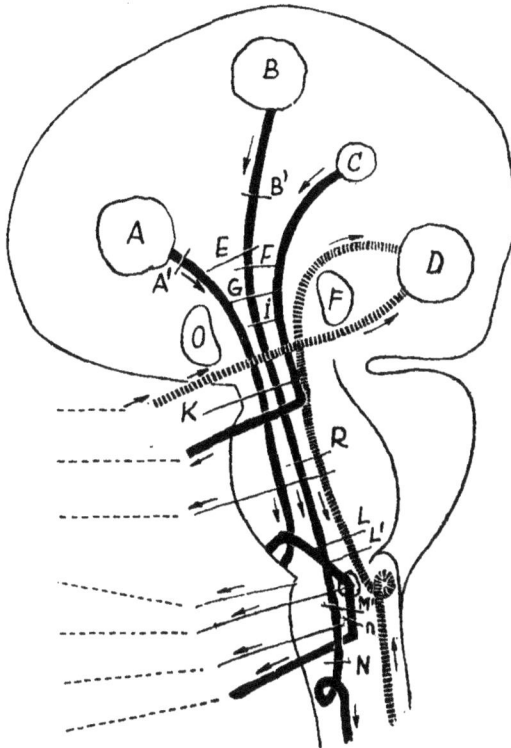

6 — Hémiansthésie droite, accompagnée d'hémianopsie gauche.
et surdité gauche.

7 — Hémiplégie totale (membre, face, langue, œil, releveur de la paupière) droite et hémianesthésie sensitive-sensorielle. Il y a de plus une eschare du côté paralysé.

8 — Hémiplégie complète et hémianesthésie droite; paralysie de la troisième paire gauche.

9 — Hémiplégie complète et hémianesthésie droite.

10 — Hémiplégie croisée.

11 — Hémiplégie totale croisée (bras et jambe droite; facial, grand hypoglosse, moteur oculaire externe et acoustique gauche.

12 — Paralysie labio-glossolaryngée (la lésion siège dans les deux moitié du bulbe.

13 — Hémiplégie bulbaire.

14 — Hémiplégie droite; paralysie de la langue (grand hypoglosse) gauche.

15 — Paralysie de la jambe gauche, anesthésie de la jambe droite; zone anesthésiée droite correspondant à la hauteur de la lésion elle-même; eschare du côté opposé à la paralysie.

16 — Paraplégie avec augmentation des réflexes dans les membres paralysés; anesthésie de toute la région située au-dessous de la lésion.

17 — Paraplégie avec abolition des réflexes dans les membres paralysés; perte de la sensibilité, eschare au milieu de la région sacrée.

18 — Paralysie faciale périphérique; complète paralvsie des muscles de la face et du muscle orbiculaire des paupières.

19 — Paralysie de la jambe d'origine périphérique; il y a anesthésie et les réflexes sont abolis.

20 — Trajet des faisceaux nerveux principaux dans les centres et origine des sept paires de nerfs craniens.

Les *lignes pleines* indiquent les fibres centrifuges et motrices.

Les *lignes hachurées*, les fibres centripèdes ou sensibles.

On voit dans ce schéma le siège des lésions correspondant aux symptômes figurés dans les schémas 1 à 17.

A. — Représente les 3 circonvolutions frontales (parole et face).

B. — Les deux circonvolutions ascendantes (centres moteurs des membres).

C. — Centre moteur de l'œil (origine de la troisième paire).

D. — Tous les centres de la sensibilité générale ou spéciale.

O. — Corps striés.

P. — Couche optique.

L'espace intermédiaire représente la capsule interne.

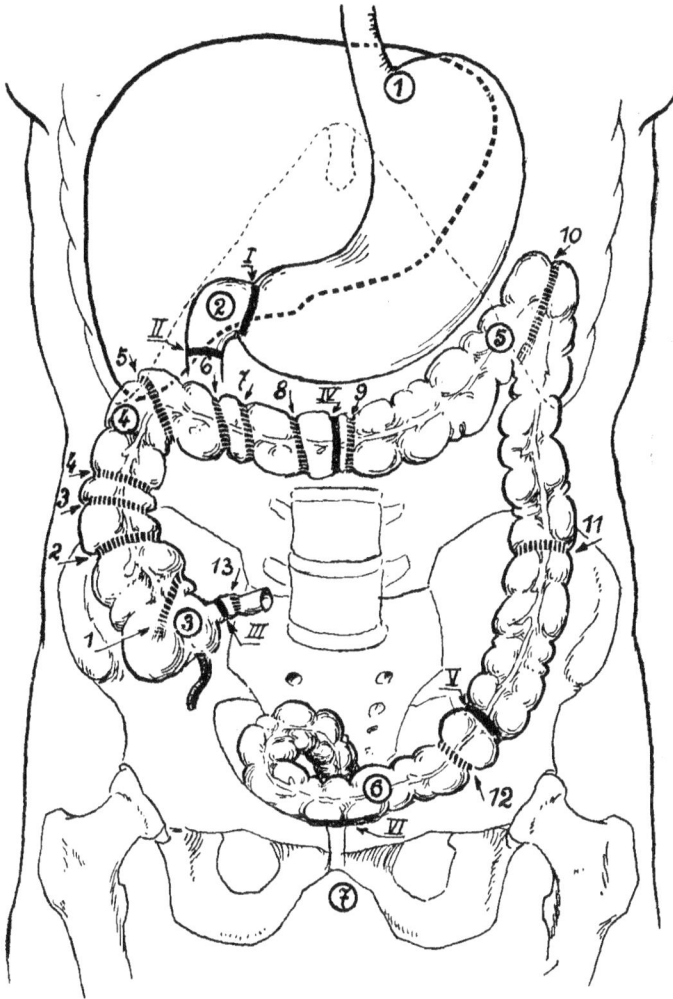

CENTRES DE CONTRACTION

Le transit colique s'accomplirait sous l'action de centres de contraction nodaux.

1 — Centre de contraction pylorique.
2 — Centre duodénal.

3 — Centre Iléal.

4 — Centre transverse. Celui-ci se trouverait à la limite de sépara-
tion des colons droit et gauche, tandis que le descendant con-
stituerait un sphincter allongé.

5 — Centre présigmoïde (présigmoïdien).

6 — Centre sphinctérien ano-rectal.

Ces centres seraient sous l'influence des plexus d'Auerbach et de
Meissner et des ganglions sympathiques, points de départ de
spasmes et de stases localisées; ils ne seraient donc pas per-
manents.

DUREE MOYENNE DU TRANSIT INTESTINAL

1 — De 1 minute à 10 minutes.

2 — De 1 à 6 heures. (Le chyme stomacale contient de l'acide, des
hydrates de carbone, des graisses, des peptones.

3 — De 2 à 5 heures. (Le chyme subit l'action de l'invertine, provoquée par la sécrétine, celle de l'érepsine et de l'entéroky-
nase qui stimule le suc pancréatique, lequel rend assimilables
albuminoïdes, hydrates de C., et graisses, surtout dans
l'iléon.

4 — De 3 à 7 heures. Le contenu se déshydrate et subit des fer-
mentations intestinales.

5 — De 5 à 12 heures. Est amené au colon sigmoïde, où

7 — s'achève la déshydratation (12 à 18 heures).

8 — De 14 à 24 heures. Séjour dans le rectum, puis expulsion. La
selle est neutre, ne contient ni albumine soluble, ni amidon,
ni graisse et peu de bactéries.

SCHEMA DES BRIDES ET ADHERENCES LE PLUS FREQUEMENT OBSERVEES. (Péricolites) :

1, 2, 3, 4 — Brides du colon ascendant (2 — coudure de Jacson).

5 — De l'angle hépatique.

6 — Bride cystique.

7 — Transverse.

8 — Avec préidumnénite.

9 — Médio-transverse stomachique.

10 — De l'angle splénique.

11 — Iliaque.

12 — Pelvienne.

13 — Coudure iléale de Lardennois.

14 —Accolement de deux segments de l'angle hépatique.
    Accolement de deux segments de l'angle splénique.

F. — Foie.

E. — Estomac.

Signes cliniques propres aux péricolites : états nauséeux, vomissements, signes d'occlusion chroniques à épisodes successifs, d'où résorption de toxiques, troubles nerveux, psychoses, insuffisance biliaire, dermatoses.

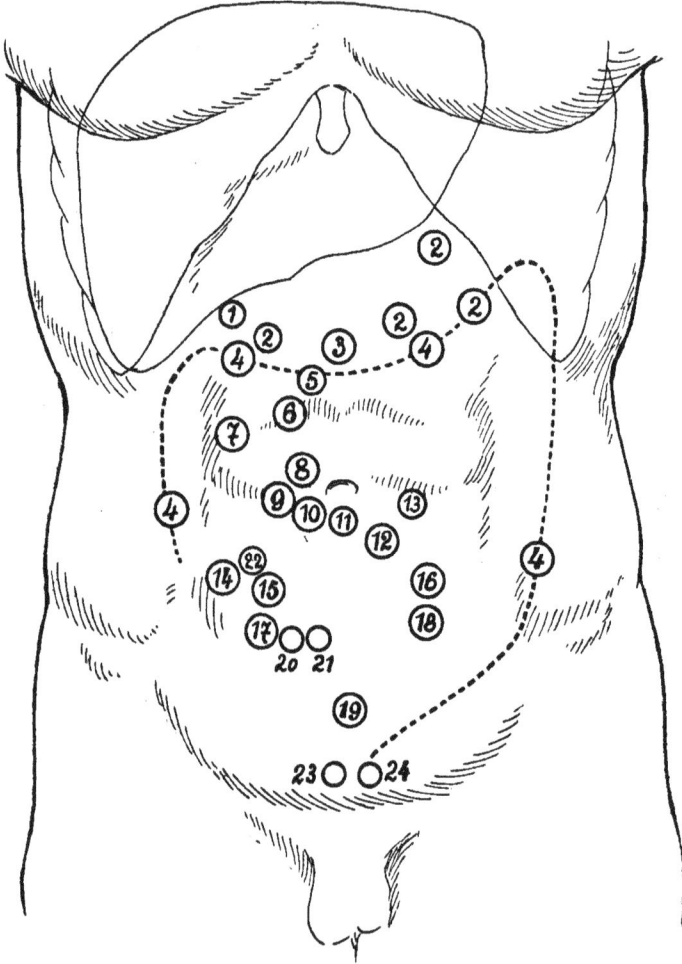

POINTS DOULOUREUX

1 — Vésiculaire.
2 — Epigastrique (variables).
3 — Epigastrique (Plexus solaire).
4 — Coliques sur l'axe des colons.

5 — Cholédocien.

6 — Pancréatique.

7 — Duodénal inférieur.

8 — Duodénal externe.

9 — Urétéral supérieur droit.

10 — Para-ombilical (plexus mésentérique supérieur et point de Morris.

11 — Zône en Y de Lenoir (aortico-iliaque).

12 — Para-ombilical gauche (plexus mésentérique inférieur).

13 — Urétéral supérieur gauche.

14 — Point de Mac Burney.

15 — Iliaque droit, ovarien (plexus péri-vasculaire) iliaques. Algies sympathiques.

16 — Iliaque gauche.

17 — Point de Lanz.

18 — Point sigmoïdien.

19 — Plexus hypogastrique.

20 — Point de Clade.

21 — Point de Lantzmann.

22 — Point de Murro.

23 — Urétéral droit.

24 — Urétéral gauche.

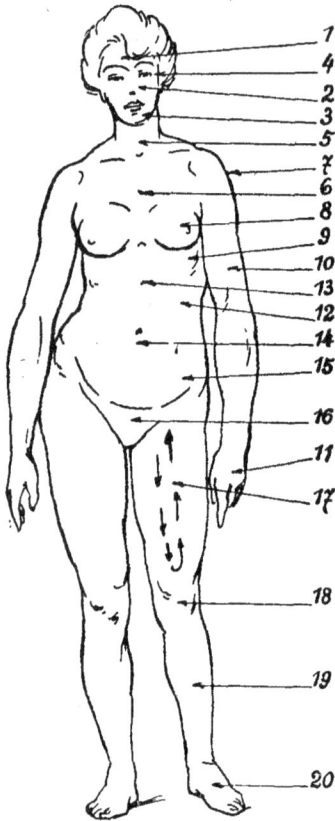

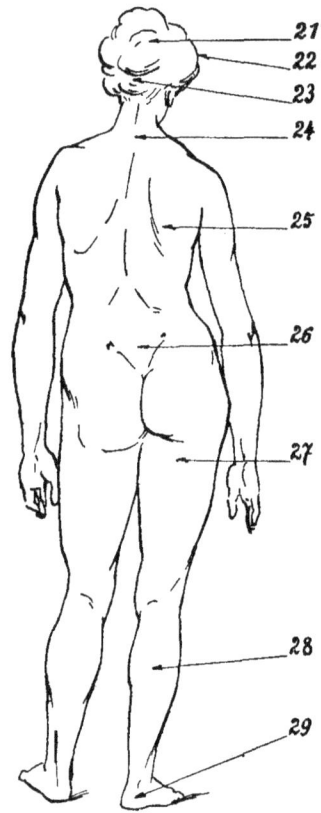

27 — Cuisse.   Sciatique.
28 — Mollets.   Périsotite.
29 — Talons.   Sciatique.
Colite.   Goutte.
Epididymite.   (maladies ovariennes).
Goutte.   Système Leprince.
Hémorroïdes.   Bouchon stérilisateur Lakhow-
                          sky.

LES COULEURS

Leur pouvoir curatif

Les procédés qui vont être décrits sont donnés à titre indicatif. C'est le compte-rendu des résultats acquis à la suite d'expériences sur des animaux ou sur des plantes. Bablitt en a cependant vérifié en partie l'efficacité sur des êtres humains.

Dans le traité *La Radiesthésie au service de la Médecine*, j'ai indiqué différentes couleurs permettant, par syntonisation, d'établir un diagnostic, diagnostic très précis à condition de se servir de *couleurs de la teinte exacte*. De plus, on pourra obtenir la guérison de l'organe malade en le soumettant aux effets de la projection d'un rayon lumineux filtré par des écrans de couleurs appropriées.

Est-il besoin d'attirer l'attention des lecteurs sur le danger que l'on courrait en employant des couleurs quelconques, dans la fabrication desquelles entreraient des produits nocifs qui, par infiltration, s'introduiraient dans l'organisme et infecteraient au lieu de guérir.

Ces écrans de couleur sont en vente dans les maisons spécialisées s'occupant des fournitures de laboratoire et dont les produits n'offrent aucun de ces dangers.

Prenons un exemple: le cobalt fondu avec le verre donne un beau bleu foncé, mais provoque un rouge imperceptible; examiné au prisme, on y trouve du bleu, de l'indigo, du violet, du vert, de l'orange, du rouge et des couleurs thermales. Ce verre ne peut convenir pour une cure parce qu'il contient trop de carbone.

Par contre, un verre bleu obtenu par du sulfate de cuivre ammoniacal est parfait.

Le rouge est la couleur la plus ardente; elle est excellente pour réchauffer les mains et les pieds froids; le jaune pour animer le sang veineux et stimuler le foie, les reins et l'estomac.

Le professeur Bablitt a préconisé l'association de couleurs ou mieux la projection simultanée de couleurs. C'est ainsi que *contre la bronchite* il projettera les couleurs bleue et blanche simultanément sur les poumons; puis jaune et blanche simultanément sur la nuque.

Contre *l'aphonie*, le jaune et le blanc simultanément sur le cou et le larynx.

Contre la *sciatique*, bleu et blanc simultanément sur les vertèbres *sciatiques*.

Contre *la gale et les maladies de la peau* occasionnées par des parasites, la couleur bleue est toujours la plus efficace.

Le *rhumatisme articulaire* aigu s'améliorera rapidement par l'application du bleu sur les parties douloureuses et principalement sur les parties supérieure et inférieure de la colonne vertébrale.

On excitera le bas-ventre au moyen d'un écran jaune afin de provoquer les selles.

On tonifiera le foie et l'estomac avec le pourpre.

Ne vous êtes-vous jamais demandé pourquoi on place les fous dans une chambre blanche?

Quoique bien éprouvées, ces méthodes ne répondent pas entièrement à ce que l'on pourrait attendre des couleurs pour l'amélioration de notre état général. Cependant la radiesthésie permet de sélectionner les couleurs qui, appliquées en tentures, tapisseries, abats-jour, voire même lumière, rétabliraient doucement un organisme déficient.

C'est ainsi qu'une chambre dont la couleur harmonique serait *bleue* ou *orange* provoquerait chez le malade nerveux une accalmie salutaire de détente et de repos.

La chambre *violette* conviendra particulièrement aux lymphatiques.

Le *rouge* réchauffera, mais excitera les tempéraments; ne convient nullement aux nerveux.

Le *jaune*, dans les affections du cœur et du foie est tout indiqué.

Dans votre vie courante, vous constaterez l'importance que peuvent avoir les couleurs. Pourquoi ne pouvons-nous séjourner dans certaines places très jolies, merveilleusement décorées? Parce que les couleurs sont en désharmonie avec notre champ oscillant. S'ils étaient placés dans une chambre dont la couleur syntonise avec leur organisme, bien des malades guériraient beaucoup plus rapidement. Le pendule déterminera la couleur qui convient le mieux dans chaque cas. Il existe d'ailleurs une série de pendules colorés aux teintes exactes, facilitant ainsi la syntonisation. Celle-ci peut se faire également avec un colorimètre.

Par syntonisation on décèle le ou les organes déficients. Ainsi, le pendule *violet*, girant en présence d'un malade, indique une déficience du pancréas, des glandes surrénales et, en général, glandulaire. Le pendule indigo *girera* en présence de troubles hépatiques: foie, intestins. Le pendule *bleu* en présence de troubles thyroïdiens. Le pendule *vert* en présence de troubles de la nutrition et gastro-intestinaux. Le pendule *jaune*, cœur et circulation cérébrale, en un mot les troubles cardiaques. Le pendule *orange*, troubles nerveux et grand sympathique. Le pendule *rouge*, circulation artérielle. Le pendule *goudron*, cancer et tumeurs. Le pendule *corail*, troubles des voies respiratoires. Le pendule *mauve*, troubles hypophysaires, ovaires. Le pendule *rose*, troubles spléniques. Le pendule *lilas*, syphilis. Le pendule *vert bleu*, laryngite, trachéites chroniques. Le pendule *bleu vert*, grippe. Ces couleurs, si elles sont appliquées, soit en projection, soit en décoration de l'intérieur, amélioreront la santé du malade. A condition de syntoniser, des produits thérapeutiques restés jusque-là sans effet, produiront dans cette ambiance une réaction salutaire.

On pourra obtenir ces teintes en se servant des couleurs fondamentales : rouge, bleu, jaune et en y ajoutant le blanc et le noir.

En proportion égale, le *jaune* et le *bleu* donneront le vert, complémentaire du rouge. Dans les mêmes conditions, le *rouge* et le *bleu* donnent le violet, complémentaire du jaune ; le *jaune* et le *rouge* donnent l'orange, complémentaire du bleu. Le *lilas* s'obtient par mélange de un quart de rouge, un quart de bleu et un demi de blanc. Le *vert bleu* par 8 % de vert et 92 % de bleu. Le *bleu vert* par 8 % de bleu et 92 de vert. Le *goudron* par un tiers de noir et deux tiers de rouge.

Cette méthode rendra de grands services pour dégrossir très rapidement un diagnostic. Elle présente cependant un grand inconvénient. Un malade averti peut, par la couleur qui provoque la giration, s'apercevoir de l'affection dont il souffre. En cas de cancer ou de maladie de cœur son moral pourrait être fortement attaqué.

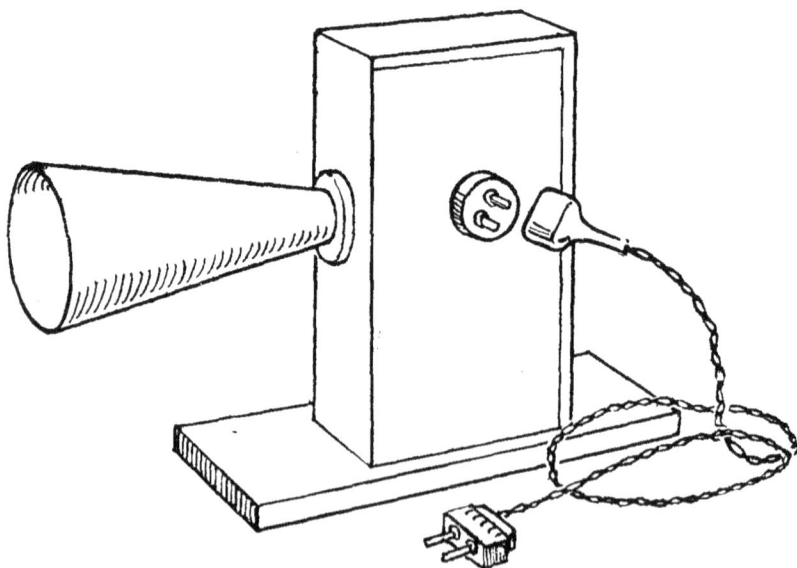

Le projecteur de couleurs pourra se confectionner de la manière suivante: on prend un entonnoir en étain recouvert de vernis japonais. Le diamètre le plus large sera de 12 centimètres, le plus étroit de 6 centimètres; la longueur, 35 à 40 centimètres. Cet entonnoir sera fixé sur un coffret en bois peint en noir mat et dont l'intérieur renferme une ampoule électrique de 15 watts. Une petite glissière sera prévue pour introduire les écrans.

Si nous soumettons une plante déficiente, anémiée, pendant 5 minutes à l'action des rayons rouges et que nous répétons cette opération pendant 15 jours, la plante reprendra de suite une vigueur insoupçonnée. Par contre, soumise à l'action des rayons violets, cette plante périra au bout de quelques jours.

Il est donc indispensable d'être très prudent dans l'emploi des couleurs. Etudions ces phénomènes sur des plantes et des animaux et laissons au laboratoire le soin de la mise au point pour une application aux êtres humains.

LA METALLOTHERAPIE ET LA RADIESTHESIE

Au cours de nombreuses recherches j'ai pu constater la valeur du traitement métallothérapique, soit par application directe des métaux sur l'épiderme, soit par immersion de ces métaux dans de l'eau, la solution obtenue étant utilisée pour des compresses ou des bains.

Depuis de nombreuses années, des recherches ont été entreprises dans ce domaine intéressant. Cependant, les sommités médicales n'y ont prêté que peu ou pas d'attention, soit à cause du peu d'accélération ou d'amélioration que cette thérapeutique apportait dans la guérison, soit par suite de la difficulté de prescrire une thérapeutique métallothérapique adéquate au métabolisme de l'organe déficient.

Certains métaux sont cependant employés couramment en thérapeutique; tels le zinc, le plomb, le cadmium, le fer, l'or, l'argent, etc., sous forme d'azotate ou nitrate d'argent; d'acétate, bromure, chlorure, cétrate, cyanure, iodure, lactate, oléate de zinc, etc., presque toujours en composition. Jusqu'à présent, la métallothérapie à base infinitésimale n'a jamais été bien appliquée par suite du manque d'étude de chaque cas et cela, faute de moyens ou d'appareils de contrôle.

La métallothérapie en série provoquera exactement les mêmes résultats que les spécialités ordonnées en série.

L'argent, l'or ou le cuivre peuvent provoquer chez certains ulcéreux et cancéreux une ionisation intra-cellulaire favorable à la guérison de ces affections. Il faudra donc, comme nous le verrons pour toute la thérapeutique métallothérapique, rechercher la syntonisation, dans chaque cas et pour chaque individu, de façon à provoquer une harmonie cellulaire permettant de ramener le champ oscillant cellulaire à son état normal et, de ce fait, de guérir la tumeur.

Certains objecteront que, dans les expériences tentées, les résultats obtenus pouvaient être attribués à l'action des métaux sur l'organisme et que, d'autre part, les expériences se sont souvent montrées négatives.

Pourquoi?

1° Manque de contrôle.

2° Harmonie défectueuse des métaux utilisés par rapport à l'organisme déficient.

3° Intoxication de l'organisme par emploi trop prolongé d'un ou plusieurs métaux. Notre organisme réclame une certaine quantité de nourriture. Si celle-ci est trop abondante ou toujours identique, il peut en résulter des affections graves. La métallothérapie mal appliquée ne peut échapper à ce danger.

Il sera donc nécessaire de rechercher sur chaque malade les métaux qui syntonisent et, après quelques jours d'application, de vérifier s'ils restent toujours indiqués. Sinon les supprimer et les remplacer par d'autres. Il est probable qu'après un temps relativement court, il faudra abandonner les premiers métaux et attendre, pour en reprendre l'emploi, que l'harmonie cellulaire soit bien rétablie.

Comment procéder?

Nous constatons que le pendule placé entre le témoin métal et le malade gire en *sens positif* si le métal est en harmonie avec l'organisme déficient. Tous les métaux syntonisés positivement pourront être employés avec succès pour guérir ou améliorer cet état déficient. Il est évident que ces recherches doivent être effectuées par un radiesthésiste compétent. Il n'existe qu'un nombre restreint de virtuoses, mais il existe déjà certains appareils pour nous aider dans nos constatations. Ainsi, un galvanomètre à miroir d'une sensibilité de 10-9 ou un micro-ampèremètre permettent d'obtenir des contrôles intéressants sans parvenir cependant à remplacer la valeur de la sensibilité d'un radiesthésiste éprouvé. La science ne parviendra jamais à créer un appareil aussi perfectionné que le cerveau humain.

Pour l'application, il faudra rechercher des métaux en harmonie, de polarité *négative* ou *positive*. Appliqués sur l'épiderme, ils provoqueront un courant électrique, ionisé, qu'on pourra localiser à l'endroit reconnu déficient.

Si nous relions chaque borne du micro-ampèremètre ou du galvanomètre aux différents métaux placés contre la peau, nous constaterons des intensités variant avec la nature des métaux employés et aussi avec les sujets soumis à l'expérience. Ce courant infinitésimal, il peut varier entre 15 et 150 millionièmes d'ampère, transportera les ions des métaux dans l'intimité des tissus ou des cellules déficientes. On pourra réunir les deux métaux employés, suivant le cas, par une chaînctte en argent; de ce fait on créera une véritable pile de Volta, mise en court-circuit et fournissant un courant continu qui rétablira l'équilibre de l'organisme et susceptible d'améliorer ou de guérir diverses affections chroniques, infectieuses ou non, tumeurs et ulcères.

Le docteur Leprince (1) a employé avec succès des métaux désignés sous les n°ˢ 1, 2 et 3 et susceptibles d'améliorer quantité de maladies chroniques.

D'une façon générale, j'ai pu constater que l'association du zinc, cuivre ou or, pouvait donner de très bons résultats dans les affections nerveuses: épilepsie, angine, neurasthénie, estomac, constipation, troubles de la menstruation et de la ménopause, rhumatismes et arthrites.

Il faudra alterner les métaux; l'aluminium, le fer, le nickel, etc., seront classés dans les minéraux négatifs, tandis que l'or, l'argent, le cuivre, principalement, serviront d'alliage positif.

J'ai constaté également que dans les maladies infectieuses l'argent pouvait intervenir très précieusement, en plaçant comme autres métaux: zinc, titane, manganèse ou aluminium.

Quant aux ulcères et cancers ils seront traités par association de zinc et cuivre pendant une période, puis par zinc, aluminium, titane ou fer et argent pendant une autre période.

Vous constaterez qu'il n'est pas permis d'établir une loi Chaque cas, chaque individu, réclame des métaux spécialement choisis. C'est la seule façon d'atteindre le résultat recherché.

C'est pourquoi dans mon ouvrage *La Radiesthésie au service de la Médecine*, j'ai proscrit les ceintures, bracelets, colliers *fabriqués en séries*. D'ailleurs il suffira de placer ceux-ci sur une série de malades et d'effectuer un contrôle pour s'assurer de la véracité de ce que j'avance.

Je ne rejette pas cette conception; au contraire, j'estime qu'il est possible d'obtenir de très bons résultats, *si la syntonisation a été effectuée*.

Quant aux bains, les métaux seront placés dans de petits sacs en toile et tremperont dans l'eau. Toutefois il serait

(1) *Les ondes de la pensée* du Docteur Leprince. Edition Dangles, Paris.

préférable de laisser séjourner ces métaux pendant 24 h. dans un litre d'eau, chacun séparément, puis de verser ces diverses solutions dans le bain. Ici encore il est indispensable que la syntonisation ait été effectuée.

Je donnerai à titre indicatif la nomenclature de métaux expérimentés dans certaines affections et ayant donné de bons résultats, par immersion de ces métaux dans l'eau du bain.

Abcès froid. — Plomb.
Albumine. — Antimoine, étain.
Anémie du cerveau. — Argent, fer, or.
Angine. — Zinc.
Angine de poitrine. — Cuivre.
Anthrax. — Or, argent.
Chlorose. — Fer.
Cœur. — Cuivre, antimoine, argent.
Congestion pulmonaire. — Zinc.
Coxalgie. — Zinc.
Diabète. — Argent, or.
Diphtérie. — Zinc, antimoine.
Entérite. — Cuivre, or.
Fibrome. — Antimoine.
Typhus. — Or.
Goître. — Argent.
Laryngite. — Or, cuivre.
Mal de Pott. — Or.
Néphrite. — Antimoine.
Paralysie. — Or.
Tuberculose. — Zinc, or, antimoine, étain, plomb, cuivre.
Pleurésie. — Argent.
Rhumatisme. — Zinc.
Rhumatisme noueux. — Antimoine.
Sciatique. — Fer.

Métaux positifs: or, cuivre, argent, étain, plomb, antimoine, platine, manganèse, mercure, Wolfram.

Métaux négatifs: zinc, aluminium, titane, fer, nickel.

Il faudra rechercher dans chaque cas les métaux qui con-

viennent et le métal de polarité contraire qu'il faudra asso-
cier, ceci afin de créer un courant porteur.

Examinons ensemble le cas du rhumatisme aigu au bras.
Plaçons une plaque de zinc au poignet et une plaque de
composition cuivre et or au-dessus de la partie douloureuse; ces plaques seront appliquées contre la peau et
fixées soit par une bande de tissus ou par une lamelle de
cuir. Parfois, nous pourrons augmenter l'effet en appli-
quant, entre la peau et le métal, une légère épaisseur de
tissu imprégné d'eau salée. L'application sera d'une durée
maximum de 15 minutes, mais renouvelée plusieurs fois
sur la journée. Ici nous sommes en présence d'une application générale. Est-ce à dire qu'elle produira de l'effet
sur tout le monde, je ne le crois pas. Pour certaines personnes, l'application du manganèse ou de l'aluminium sera
préférable au zinc. D'ailleurs, faute d'appareil de contrôle,
la règle vous indiquera toujours, en plaçant les témoins
métaux à côté d'un témoin du malade, si la syntonisation
est parfaite ou non. Si elle est parfaite la vitalité du malade sera portée à 800 ou très près de ce chiffre. Est-il
besoin de rappeler que, dans chaque cas examiné, on doit
premièrement établir le chiffre de vitalité du malade afin
de s'assurer si celui-ci augmente ou diminue. Le chiffre
obtenu devra servir de base afin de constater si le produit
agit favorablement ou défavorablement. C'est ici le gros
avantage de cette méthode: le médecin est renseigné sur
l'efficacité du produit sur le malade avant que celui-ci ne
l'absorbe. Par ce procédé le médecin évite *les essais*.

N'oubliez pas qu'une médication bien étudiée et
dont l'harmonie est parfaite, accompagnée de bains métallothérapiques, voire même homéothérapiques, produira des
effets surprenants.

Nous concédons que nos méthodes exigent un gros travail et une grande patience. Mais la santé de notre pro-
chain ne mérite-t-elle pas cette peine? D'ailleurs, celui qui
se destine à la carrière fatigante du médecin, n'assume-t-il
pas l'obligation d'essayer de guérir ses malades? S'il ne

peut consacrer à ces longues et laborieusees recherches le temps indispensable, il en laissera le soin à l'auxiliaire radiesthésiste. Certains objecteront qu'il faudra également payer cet auxiliaire qui ne peut, sans rémunération, ni travailler, ni user sa santé à ce pénible travail. Demandez donc aux malades s'ils ne préfèrent pas payer une consultation double, voire davantage, mais d'être certains qu'ils ne serviront pas de sujets d'expérience par des essais répétés ; que l'on soigne réellement la cause de leur mal et que les possibilités de guérison ou d'amélioration seront grandes. Examinez de très près cette objection et réfléchissez, vous constaterez le bien-fondé de ma réfutation.

Il faudra, pour cette recherche, que l'opérateur soit en possession de métaux les plus purs et, si possible, en *corps simples*, afin d'éviter l'association directe de plusieurs corps, cette association ne devant s'effectuer qu'après la recherche séparée de chaque produit.

LA STERILISATION DES EAUX

Les travaux effectués par Georges Lakhovsky l'ont amené à constater qu'un générateur électrique dont le courant est diffusé par des électrodes en argent laisse dans l'eau des électrons et des ions-argent, qui ont pour propriété de tuer rapidement tous les germes pathogènes : colibacilles, bacilles typhiques, staphylocoques et streptocoques.

Cette méthode de stérilisation est appelée à avoir une application thérapeutique soit externe ou interne. On emploie l'eau stérilisée avec succès dans des colibacilloses rebelles. Les propriétés remarquables de cette eau lui permettent d'être utilisée comme boisson, pour la toilette et l'hygiène. Cet appareil devrait être en usage dans tout ménage où l'eau employée est soutirée d'un puits — principalement à la campagne — et dans les localités exposées à des épidémies de typhus.

Le temps varie suivant l'appareil employé quant à la durée d'immersion des électrodes. Avec mon appareil, pour l'eau à consommer, une heure suffit pour 10 litres d'eau, voire même une demi-heure; car, même le stérilisateur enlevé, l'eau continue à tuer les microbes, pendant un mois. Pour le bain, 10 litres traités pendant 12 heures seront versés dans le bain et l'appareil restera en fonction dans celui-ci pendant tout le séjour du malade dans l'eau. On peut placer le stérilisateur dans l'eau, pour la nuit, et l'enlever le lendemain matin.

A cet effet il a créé un stérilisateur présenté sous forme d'un bouchon métallique, prolongé par deux électrodes en *argent vierge* plongeant dans le liquide à stériliser.

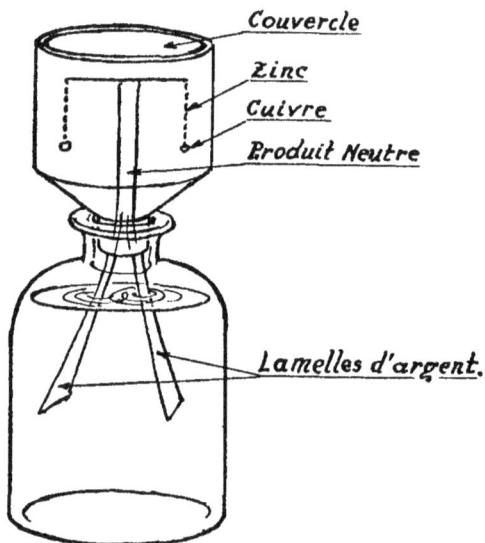

Le Docteur Leprince a simplifié les choses, il attache deux lamelles *d'argent vierge*, à une pile électrique et laisse tremper dans le liquide à stériliser ces deux lamelles. Le résultat est très bon également mais ce procédé offre un inconvénient.

Si la pile est neuve, ou le courant trop fort, la mise en contact provoque immédiatement des nuages floconneux

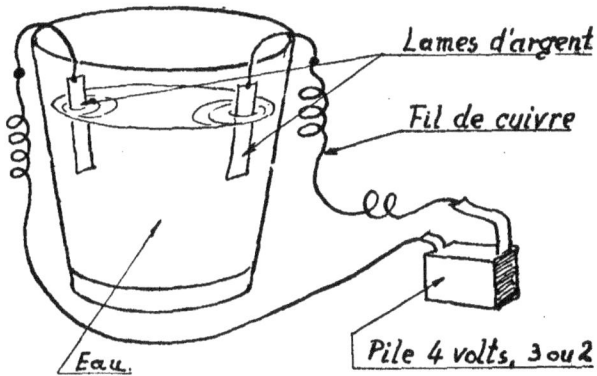

d'ions — argent. Ceux-ci dégagent en trop forte quantité ces ions et l'appareil, de ce fait, ne répond plus entière-

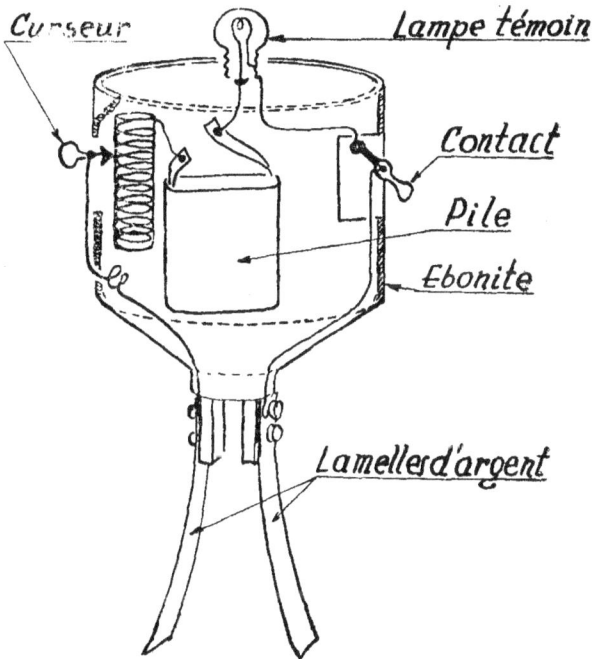

ment au principe recherché. Un autre danger existe. Par inattention le fil cuivré auquel les lamelles sont attachées pourrait entrer au contact de l'eau — et produire des ions de cuivre — ce qui est contraire au but recherché.

Pour palier à ces inconvénients j'ai étudié un appareil ayant les mêmes propriétés mais dont le règlage de l'inten-

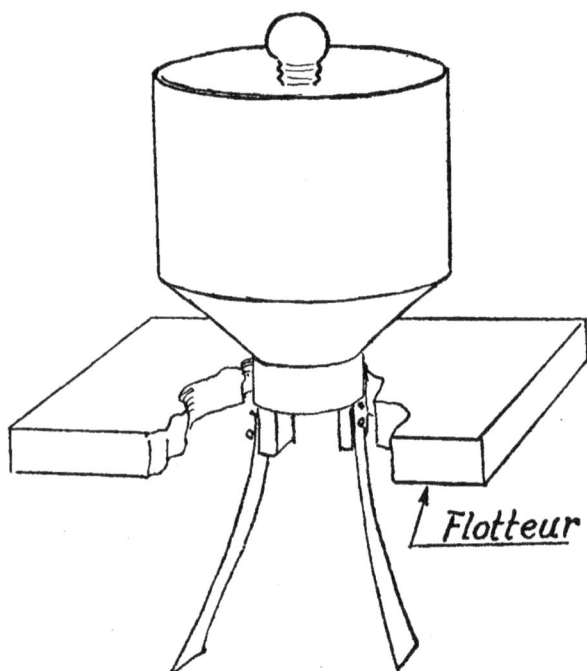

Flotteur

sité est possible. Le stérilisateur Discry est constitué d'une boite en ébonite dans laquelle se trouvent un contact, un curseur, une pile de 2 volts et une ampoule témoin. Le curseur servira à maintenir l'ampoule allumée faiblement de façon à ce que le courant puisse passer par les lamelles d'argent vierge, et ionise l'eau sans provoquer le floconnage. Il a également l'avantage d'interrompre le courant et de permettre aux lamelles d'argent de continuer par leur contact avec l'eau leur pouvoir bactéricide d'agir. Cet appareil a été créé pour le bain également. Il agit très puissamment dans des affections de la peau : furonculose, dartres, acnés, eczéma, gâle, etc.

LES ONDES NOCIVES

LES APPAREILS DE PROTECTION

Dans le traité *La Radiesthésie au service de la Médecine*, j'ai énuméré les différents appareils employés ainsi que les méthodes de détection des ondes.

Il est cependant intéressant de revenir sur l'emploi de la cage de Faraday.

Cette cage consiste en un fil continu, sans boucles ni torsades, placé contre les murs et relié à la terre. Ce fil sera dénudé et les extrémités seront *soudées* ou retenues dans une petite gaine d'ébonite.

Ce procédé est celui employé couramment et sans connaissance spéciale de radiesthésie. Quoique bon, il ne peut agir dans tous les cas. Il suffit à pallier au plus pressé. Il faudra donc étudier, suivant chaque cas, les métaux qui interviendront dans la confection de cette cage, qui non seulement, agit comme protecteur, mais également comme émetteur d'ondes bienfaisantes ou néfastes suivant la composition des métaux.

Supposons que nous ayons relevé une faille d'une longueur de 0,68, de polarité négative et susceptible de provoquer des rhumatismes aux personnes séjournant au-dessus. Nous devrons rechercher les métaux syntonisants et de

polarité contraire, soit positifs, pour établir un champ
d'arrêt et par conséquent de captation de ces ondes. Nous
emploierons du fil de cuivre et d'or tandis que nous place-
rons au-dessus de la première une seconde cage composée
d'un fil de zinc.

La première cage aura pour effet d'annihiler les radiations du sous-sol; la seconde de créer un champ réharmo-
nisateur qui sera capté par l'organisme.

La première cage sera reliée au sol ou mieux à un filtre.
Car en la reliant au sol l'on risque de dévier ces radiations
chez le voisin tandis qu'en filtrant ces radiations elles
seront définitivement annihilées.

Le filtre sera composé d'une spire calculée suivant la
longueur de l'onde détectée et dans le cas qui nous occupe
une spire positive de 136 centimètres. Cette spire trempera
dans un mélange de soufre et de charbon de bois et la
nature du fil sera identique à celle de la cage à laquelle il
sera attaché par une soudure ou par la continuation directe
du fil tourné en spire. Le vase contenant le mélange sera
en matière neutre telle que verre, ébonite, porcelaine, etc.

Donc, il faudra confectionner ces cages de Faraday suivant chaque cas. Je conseille beaucoup à mes lecteurs de
s'adresser à des spécialistes en la matière. Ne l'oublions
pas : si le travail est mal effectué, le danger sera plus
grand que s'il n'existait aucun protecteur.

D'autres procédés sont employés tels : Mermet créant un
aspironde; les éliminateurs Lesdet formés par des solé-
noïdes; du mercure et antimoine (procédé Colonel Mo-
reau). Ils peuvent tous donner des résultats positifs mais
à la seule condition d'être syntonisés.

Par contre, n'avons-nous pas constaté que certains radiesthésistes vendaient des appareils éliminateurs d'ondes
fabriqués en série sans en assurer un effet positif. N'ajou-
tons aucune foi à ces procédés de charlatans et ne soyons
pas victimes de produits non pas protecteurs mais simples
aspire-monnaie.

La protection contre les ondes du cancer nécessite une

étude spéciale et fait encore l'objet de recherches de laboratoire. Il ne m'est pas permis d'expliquer un procédé de protection. Je ne voudrais pas contribuer à laisser à l'initiative du premier radiesthésiste venu, le soin de placer un dispositif qui pourrait se montrer à l'usage plus nocif que bienfaisant. Chaque cas de cancer qui me sera soumis sera examiné consciencieusement et le nécessaire fait, si toutefois la cause du mal est une radiation à laquelle serait exposé le malade. Par contre, s'il n'existait pas de radiation, les appareils seraient inopérants parce que inutiles.

CIRCUITS OSCILLANTS

En nous servant de circuits oscillants étudiés également suivant chaque cas, nous avons constaté que ceux-ci pouvaient être d'un très grand secours dans des cas où il n'était pas possible de placer une cage de Faraday.

Les études du radio-physicien Jean Bonhomme sont très probantes à ce sujet et les études que nous continuerons à effectuer ensemble en laboratoire prouveront que nous sommes dans une voie permettant des découvertes d'une grande valeur dans la thérapeutique future.

Supposons que dans notre bureau nous soyons éternellement fatigués à la suite de causes qui nous paraissent indéfinissables, mais dont nous constatons les effets chaque fois qu'un travail nous appelle à cette place. Habitant en appartement, nous ne pouvons pas placer des appareils chez notre voisin de dessous, donc force est de séjourner dans cet endroit vicié. Heureusement la radiesthésie viendra à notre secours et nous permettra de nous préserver de ces ondes en plaçant autour de nous un oscillateur.

Nous avons été amenés à rechercher ce genre de protection à la suite de constatations faites sur des fleurs, des arbres, des légumes. Nous avons constaté que chaque fois qu'un oscillateur était placé autour d'une plante et que cet oscillateur avait été étudié pour celle-ci, on ne tardait pas à apercevoir une amélioration profonde dans la formation et la vitalité de cette plante. De là il n'y avait qu'un pas à chercher, pour l'homme, à utiliser le même dispositif.

Des expériences furent tentées et couronnées de succès. Nous allons étudier ensemble les moyens de nous préserver. Nous pourrons constater si réellement les phénomènes des ondes dont les radiesthésistes font tant état existent ailleurs que dans l'imagination de certains. Voici donc comment nous effectuerons ce travail.

Supposons que notre bureau ainsi que notre fauteuil occupe un espace d'un diamètre de 2 mètres. Pour établir notre circuit nous multiplierons le diamètre par 3,1416 et nous obtiendrons ainsi 6 m. 28. Avec un fil de cette longueur nous aurons soin de former un cercle dont l'ouverture, exposée au *Nord*, sera de 10 centimètres. Ce fil sera en *cuivre isolé* de 10/10 de millimètre de diamètre, les bouts seuls en seront dénudés sur une longueur de 1 cm. Nous veillerons à ce que ces bouts ne touchent pas la terre.

Le cercle sera donc placé ouverture au Nord et entourant notre fauteuil. Ce dispositif suffira pour protéger l'espace incriminé. Tentez cette expérience et vous ne tarderez pas à constater une amélioration. On pourra employer ce procédé pour un lit ou une chaise de repos.

Attention! Si vous détectez des ondes ou faites détecter celles-ci, n'oubliez pas que si l'immeuble visé ne vous appartient pas, il est de la plus élémentaire prudence de n'effectuer les travaux indispensables pour annihiler l'effet de ces ondes qu'avec l'autorisation écrite du propriétaire.

Aux radiesthésistes : vous ne devez pas effectuer ces travaux sans vous assurer que cette autorisation est obtenue, ni donner aucune indication sur le genre d'ondes que vous auriez décelées, ceci à moins que le propriétaire ne vous y autorise par écrit et sans préjudice, pour les renseignements donnés.

Expliquons-nous bien. Un locataire fait appel au concours du radiesthésiste parce que chez lui une personne est atteinte d'un cancer. Par complaisance le radiesthésiste examine le cas, constate une onde cancéreuse et indique le moyen de la supprimer.

Le propriétaire apprend que le malade va mieux par suite du placement d'un dispositif anti-cancéreux dans son immeuble. Il se fâche, peut-être avec raison au point de vue matériel, car son immeuble sera déprécié à tout jamais et sera considéré comme une maison de malheur. Comprenez-vous le danger d'agir sans précaution. Il va de soi qu'un propriétaire en connaissance de cause, c'est-à-dire sachant qu'une zone nocive traverse son immeuble, et qui louerait celui-ci sans avoir préalablement fait annihiler les ondes serait un criminel. Espérons que les autorités tant médicales que civiles prendront, après contrôle absolu des phénomènes concernant les ondes nocives, des mesures propres à sauvegarder la santé publique en faisant appliquer aux immeubles situés dans certaines régions ou sur certains sous-sols des appareils de protection. Il est alors certain qu'avant peu d'années on constaterait une diminution très sensible de cas de tuberculose et de cancer.

LA RECHERCHE A DISTANCE

Quoique ce procédé soit l'apanage de quelques privilégiés, il est possible d'effectuer une recherche d'ondes nocives sur un plan dont *l'échelle* et *l'orientation* sont parfaites. Il suffit de reproduire le plan du rez-de-chaussée et de laisser séjourner ce plan pendant quelques jours, avant de l'expédier, dans une des caves de l'immeuble à examiner. Ce plan sera placé dans une enveloppe séparée afin d'éviter d'autres radiations.

Une chose très curieuse et inexpliquée se produira. Si, ayant déterminé sur plan une onde nocive, on place sur ce plan un dispositif approprié pour capter ces ondes, et qu'on recherche à nouveau l'onde nocive, on constatera que celle-ci n'existe plus. Le phénomène est assez troublant, mais néanmoins permet, à distance, de constater l'efficacité d'un procédé.

Je pourrais citer quantité de cas, où la captation des radiations nocives a produit des résultats merveilleux dans des troubles nerveux, de croissance, rhumatisme, lymphatisme, migraine, diphtérie et cancer.

Opothérapie

Tableau permettant de rechercher les doses à prescrire aux malades. A titre indicatif, les doses courantes employées.

Thyroïde	en poudre	1-2-5-10-20 milligrammes.
		10-20-25 centigrammes.
	ampoules	correspond à 25 milligrammes de glandes fraîches.
Ovaire	en poudre	5-10-20 centigrammes.
	ampoules	50 centigr. (de glandes fraîches)
Corps jaune	en poudre	10 centigrammes.
Orchitine	»	10-20 centigrammes.
Surrénale	»	5-10-25 centigrammes.
	ampoules	50 centigr. (de glandes fraîches)
Hypophyse	en poudre	5-10 centigrammes.
Parathyroïde	»	1-2 milligrammes.
Rein	»	10-25 centigrammes.
Foie	»	5-10-20-50 centigrammes.
Mamelle	»	5-10-20-50 centigrammes.
Entéritique	»	10-20 centigrammes.
Gastrique	»	5-10-15-20-25 centigrammes.
Prostate	»	5-10-15-20-25 centigrammes.
Pancréas	»	10-20-30-50 centigrammes.

Organes et tissus

Rates	en poudre	10-20-30-50 centigrammes.
Poumons	»	10-20-30-50 centigrammes.
Thymus	»	10-20-30-50 centigrammes.
Moelle osseuse	»	5-10-15-20 centigrammes.

Cerveau	»	1- 2- 5-10	centigrammes.
Placenta	»	5-10-15-20	centigrammes.
Ganglions *Lymphatique*	»	1- 2- 5-10	centigrammes.
Ganglions *Sympathique*	»	5-10-15-20	centigrammes.
Os	»	10-20-30-50	centigrammes.
Cœur	»	10-20-30-50	centigrammes.

Dans certains cas il serait intéressant de rechercher la syntonisation de certaines glandes à prendre en association en prenant soin de rechercher la dose pour chaque glande séparée et constater si, en association, on obtient le champ vital 800.

Insuffisance ovarienne avec obésité. — Ovaire thyroïde.

Aménorrhée. — Ovaire hypophyse.

Ménopause avec asthénie. — Ovaire, surrénale

Obésité glandulaire. — Thyroïde, hypophyse, surrénale.

Ménopause avec hypertension. — Thyroïde, hypophyse, ovaire.

Certains diabètes. — Thyroïde, pancréas, foie.

Insuffisance secrétoire des glandes digestives. — Estomac, intestin, pancréas, fois.

Sclérodermie. — Hypophyse, thyroïde, surrénale, ovaire.

Il sera donc important d'étudier la posologie et les doses suivant chaque cas, car dans l'opothérapie la dose doit être appliquée exactement de façon à rééquilibrer l'organisme déficient. La règle sera de la plus grande utilité et parfois on s'apercevra que des produits fabriqués à doses courantes au centième seront très souvent exagérées.

Ici encore ces recherches n'appartiennent qu'au médecin qui possèdera la trousse opothérapique. L'auxiliaire pourra, à la demande seule du médecin, présenter ses constatations.

Il faudra également indiquer si le produit doit être absorbé le matin, le midi ou le soir. Il suffira pour cela d'effectuer l'examen sur la règle. Exemple:

Possédant le témoin du malade, on examinera le matin sur la règle le produit qui augmente le plus la vitalité c'est-à-dire qui approche le plus de 800 ; on fera de même à midi et le soir. De cette recherche on pourra, avec le maximum de succès, établir l'ordonnance pour le malade.

On pourrait formuler l'objection que le malade devra attendre un jour avant de connaître le traitement et que le médecin aura un travail complémentaire après le départ du malade, ce qui n'est pas toujours possible pour certains. D'autre part, ces inconvénients sont largement compensés : le malade comprendra qu'au lieu de rechercher sur lui-même, pendant plusieurs jours, voire plusieurs semaines, l'effet des produits, le retard d'un jour permettra de lui prescrire ceux en harmonie parfaite et de rétablir en peu de temps l'équilibre déficient.

Ce procédé sera employé également pour toute la thérapeutique.

Exemple d'une fiche radiesthésique

Diagnostic

Date ....
Recherche n° ....
(à rappeler)

Cas M ....
Docteur ....
Produit examiné.
Les médicaments absorbés.
Vitalité ....
Règle. — Imprégnations microbiennes avec longueur de champ.

A	G ....
B	H ....
C	I ....
D	J ....
E	K ....
F	L ....

Couleurs syntonisantes (chromométrie).

A ....   D ....

B ....   E ....

C ....   F ....

Examen des vertèbres.

Cervicales ....   Lombaires   ....

....

Dorsales ....   Sacrées   ....

....

Déficiences glandulaires.

A ....   E ....

B ....   F ....

C ....   G ....

D ....   H ....

Organes malades (c'est-à-dire n'atteignant plus 780).

A ....   F ....

B ....   G ....

C ....   H ....

D ....   I ....

E ....   J ....

Métaux syntonisants.

A ....   F ....

B ....   G ....

C ....   H ....

D ....   I ....

E ....   J ....

Tares.

A ....

B ....

C ....

Remarques. ....

....

....

....

Signature.

FIGURE

Exemple d'une fiche radiesthésique thérapeutique

Thérapeutie   Date ....
éservée uniquement au   Recherche n° ....
médecin.   (à rappeler)

Cas M ....

Docteur ....

Produits allopathiques syntonisants par ordre de valeur.

A	G ....
B	H ....
C	I ....
D	J ....
E	K ....
F	L ....

Extraits fluides syntonisants par ordre de valeur.

A	F ....
B	G ....
C	H ....
D	I ....
E	J ....

Produits opothérapiques syntonisants par ordre de valeur.

A	F ....
B	G ....
C	H ....
D	I ....
E	J ....

Produits métallothérapiques syntonisants par ordre de valeur.

A	E ....
B	F ....
C	G ....
D	H ....

Produits homéopathiques syntonisants par ordre de valeur.

A	F ....
B	G ....
C	H ....
D	I ....
E	J ....

Produits poconeals syntonisants par ordre de valeur.

A ....   F ....
B ....   G ....
C ....   H ....
D ....   I ....
E ....   J ....

Endroits susceptibles d'améliorer la santé du malade.

Campagne.   Montagne.
Mer.   Altitude.

La maison est-elle située sur une onde nocive?

Laquelle ....

....

Les moyens de l'annihiler ....

....

Dans ce cas joindre un plan orienté du rez-de-chaussée.

Remarques. ....

....

....

Signature.

LES EFFETS PHYSIOLOGIQUES
DES OSCILLATEURS ODIQUES

Les caractères physiques et les réactions radiesthésiques particulières des oscillateurs odiques ont fait l'objet d'un mémoire détaillé. Les essais effectués par de nombreux radiesthésistes et plus particulièrement par M. Discry ont démontré que toujours ils provoquaient des réactions pendulaires profondes et persistantes.

Nous en avons déduit que ces réactions étaient dues à une modification physiologique du radiesthésiste, semblable à celle résultant de l'emploi médical des champs d'ondes ultra-courtes.

L'expérimentation sur de nombreux sujets a prouvé que certains oscillateurs odiques produisent une action analgésique et sédative, d'autres une sensation d'euphorie ou d'énervement.

Afin d'éviter l'autosuggestion du patient, les plus grandes précautions ont été prises au cours de l'expérimentation, mais après tout on trouvera qu'il ne s'agit peut-être que de symptômes subjectifs, qui peuvent toujours être sujet à caution.

Aussi nous avons pu nous livrer, en collaboration avec des médecins à l'examen clinique de quelques sujets et déterminer de cette façon des symptômes objectifs.

Ceux-ci consistent avant tout en une modification de régime du système vasculaire, appréciable en premier lieu par la sphygmomanométrie. Des oscillateurs odiques bien caractérisés sont susceptibles de produire de l'hypotension ou de l'hypertension artérielle, dans un laps de temps variable, mais très court (environ 3 à 10 minutes).

Les expériences en cours, entravées malheureusement par l'état de guerre, ne nous ont pas permis de déterminer toutes les possibilités d'emploi des oscillateurs odiques, mais tout nous prouve que nous sommes en droit d'attendre de beaux résultats thérapeutiques.

La collaboration de nombreux médecins nous permettrait d'explorer à fond les effets biologiques de ces petits instruments physiques et l'on pourrait espérer qu'ils seraient à même alors d'employer cette nouvelle thérapeutique, d'une façon rationnelle, pour un grand nombre d'affections.

L'utilisation de l'oscillateur odique, nous permet de démontrer par symptômes objectifs, la réalité si souvent contestée des phénomènes radiesthésiques. Le réglage pendulaire d'aussi petits circuits oscillants est seul capable de produire de tels effets physiologiques, toute la perfection de la technique moderne se montrant impuissante à remplacer ce merveilleux enregistreur de radiations qu'est l'être vivant.

Cette constatation suffit déjà à elle seule à rendre l'étude de ces appareils particulièrement intéressante, car elle peut être la source de féconds enseignements dans le domaine de la biologie.

Les radiobiologistes resteront peut-être sceptiques devant ces résultats et en attribueront la cause à tout autre chose que des radiations de très courtes longueurs d'onde. Qu'ils nous permettent cependant de leur rappeler le point de départ de nos recherches : Les radiations de l'être vivant et de la matière.

L'application des ondes ultra-courtes en biologie s'est orientée surtout vers la diathermie et l'électropyrexie, procédés qui obtiennent bien des succès mais aussi maints échecs. Cette instabilité dans les résultats est à notre avis due à ce que l'on s'écarte de la conception initiale de d'Arsonval, qui le premier a admis que l'action des courants de haute fréquence, reposait non sur l'échauffement ou l'hyperthermie, mais bien sur un effet vibratoire « et comme plusieurs de ses élèves l'ont démontré sur une oscillation cellulaire.

Les effets des ondes ultra-courtes en biologie sont d'autant plus marqués que la fréquence est plus élevée. La longueur d'onde fondamentale des oscillateurs en usage en radiobiologie ayant une limite extrême d'environ 3 mètres ou 100 millions de cycles-seconde, on peut admettre que des circuits oscillants sur 4 centimètres ou sept milliard cinq cent millions de cycles-seconde, comme les oscillateurs odiques, aient des propriétés oscillatoires et des effets physiologiques bien différents.

Le mode d'entretien de l'oscillation d'aussi petits circuits que les oscillateurs odiques peut être aussi tout autre et apparemment inexistant, car il est admis que le rayonnement croît avec la quatrième puissance de la fréquence et est donc particulièrement important pour les ondes voisines de 4 centimètres de longueur. Nous en déduisons que l'entretien de ces oscillateurs est provoquée par l'être vivant se trouvant dans le champ de l'oscillateur odique et produisant des décharges électriques oscillantes infinitésimales, dues à sa constitution et à son ambiance. Décharges oscillantes de valeur et de nature différentes suivant l'état physiologique et pathologique de l'individu et décelées par les méthodes radiesthésiques à défaut de moyens physiques appropriés.

J. BONHOMME,

Radio-physicien.

SOUVENIRS DE LABORATOIRE

Serpents et cancers

RADIESTHESIE

Peu après mon retour d'un camp de prisonniers, où j'avais été interné par les Allemands après la capitulation de l'armée belge, j'allai voir mon ami, M. Discry, en sa charmante propriété « L'Oasis » située sur un des sommets d'Houssonloge. Le panorama s'y déroule depuis le Bois d'Aywaille jusqu'au Grand Bois de Berleur en passant par les futaies du Bois Royal de Lorcé et du Bois des Fagnes. Des troupeaux vigoureux formaient un avant-plan coloré aux sapinières bleutées des lontains. C'était vraiment un oasis de tranquillité et de paix, contraste frappant après la tourmente qui avait déchiqueté la terre et souillé l'atmosphère.

Je passai un après-midi heureux à causer avec M. Discry du sujet qui nous intéressait tous deux : la radiesthésie; M. Discry étant un des meilleurs radiesthésistes et Président de l'Académie des Sciences radiesthésiques de Belgique.

Il me demanda de lui relire la lettre que le docteur Bobeau m'avait écrite au sujet d'expériences réalisées en son laboratoire de l'Université de Bruxelles et dont voici le texte :

7 juin 1939.

Université libre de Bruxelles

—

Faculté de Médecine
97, rue aux Laines

—

Docteur B O B E A U

CHER MONSIEUR,

Vous m'avez, dernièrement, demandé mon avis au sujet des centaines d'expériences faites en mon laboratoire de l'Institut d'Anatomie de la Faculté de Médecine de Bruxelles au cours de l'année 1938. L'expérimentation portait en ordre principal sur des serpents venimeux tant au cours de leur vie dans les cages que sur les organes prélevés après le sacrifice de ces cobras asiatiques et vipères européennes et: a) fixés fragmentairement pour examens histologiques ultérieurs; b) broyés et traités aux fins de mes essais de traitement médical anticancéreux. Elle comportait en outre, mais plus accessoirement jusqu'ici, des tentatives de renseignements à distance sur quelques malades soumis à ce traitement et les recherches de début sur des tumeurs malignes soumises à l'action des liquides fixateurs de l'histologie courante.

Les *examens microscopiques* concernant les nombreuses pièces auxquelles je fais allusion ici *m'ont permis de constater* que les résultats que vous m'avez donnés à leur sujet se montrent pratiquement et à peu près constamment en *parfaite concordance*.

Je tiens, d'autre part, à bien préciser ici que votre système de mise au point par la magnétite a permis de me donner à chaque instant, des chiffres de base identiques, chose indispensable à l'établissement d'une échelle comparative.

Il est donc permis, de ce fait, d'entrevoir l'éventuelle utilisation du pendule comme moyen d'investigation biologique lorsqu'auront pu être menés à bien les longs travaux préparatoires dont les expérimentations ci-dessus constituent le début d'une première phase de dégrossissage.

Croyez, cher Monsieur, à tout le plaisir que j'éprouve à pouvoir vous dire ma très réelle satisfaction en même temps qu'à l'assurance de mes très cordiaux hommages.

(Signé) Docteur BOBEAU.

A Monsieur Fr. DE HEMPTINNE

Avant de nous séparer, M. Discry insista pour que je fasse un exposé de ces expériences, et son insistance me décida à fixer les bons souvenirs que m'ont laissé les mois intéressants passés avec le Docteur Georges Bobeau en son laboratoire d'anatomie pathologique à la Faculté de Médecine de l'Université de Bruxelles.

Ce fut par un ami commun, auquel le Docteur avait exprimé le désir de faire la connaissance d'un radiesthésiste, que j'eus le plaisir de le rencontrer.

« Cette science, avait-il dit, est vieille comme le monde, a toujours été ignorée sinon combattue et cependant, qui sait, elle renferme peut-être des ressources inexploitées. Les effets électriques, les transmutations d'atomes, les ondulations, les radiations, sont à l'ordre du jour; toutes ces manifestations de la nature ne sont-elles pas la base de ces réactions radiesthésiques? »

Qu'en croyez-vous, me dit-il? Notre ami commun m'a expliqué qu'un radiesthésiste serait capable d'approfondir la physiologie des serpents, de se rendre compte à tout moment de leur « état de santé » général, de déterminer l'utilité ou la nocivité d'un remède, et de pouvoir même sonder, grâce à leurs réactions, les organismes vivants y précisant les points déficitaires ainsi que la nature de ces déficiences. Ce serait intéressant, mais les réalités correspondront-elles à ces promesses?

Je crois que notre ami, lui répondis-je, est un emballé

de la radiesthésie, science intéressante ayant à son actif de nombreuses réussites, mais ce n'est pas une panacée, ni une « Je sais tout » ou « Je réponds à tout ».

Il y a près de 15 ans que je manie la baguette ou le pendule, et je puis vous affirmer que j'ai relevé quantité d'erreurs provenant, je suppose, d'une mauvaise interprétation des sensations organiques extériorisées par la baguette ou le pendule. Je ne crois pas à l'infaillibilité de la radiesthésie, pas plus pour moi que pour mes collègues en ce genre de science qui n'a pour base, bien fragile, qu'un catalogue de faits, et qui ne peut aucunement invoquer un parallélisme quelconque avec la physique qui, elle, a fait en ces dernières années des progrès sensationnels depuis que l'atomisme a pu être vécu, dirais-je, au moyen d'appareils comme celui de Wilson, par exemple.

Je ne veux cependant rejeter l'espoir de la découverte d'un mécanisme quelconque apte à vérifier le sixième sens, par un de nos cinq sens qui, eux, sont à la base de la personne humaine.

Les expériences que vous me permettez de faire en votre laboratoire, m'intéressent à un double point de vue : par leur nombre, qui permettra d'établir une moyenne favorable ou défavorable, et en second lieu par l'examen, la confirmation de ces travaux au moyen des preuves dont la biologie dispose. Pour obtenir un résultat suffisant, j'estime qu'il me faudra au moins deux mois de travail avec conjonctures favorables avant de pouvoir poser une première base pouvant me guider ultérieurement.

Cette entrée en matière, cette causerie de tout début, me révélait la personnalité du professeur Bobeau : un chercheur, un savant, dont toutes les fibres vibraient en union parfaite avec la science de la biologie; sa science. Quand il exposait ses observations histologiques sur les ophidiens, j'observai qu'il ne narrait pas ses découvertes, il les sentait en lui-même, il les vivait. Ardent, quoique grand blessé de la guerre 1914-1918, et le corps encore criblé de nombreux éclats de schrapnells, rien ne le fatiguait quand sa science était en jeu; sa science le soutenait, le nourrissait; rien ne pouvait résister à sa tête puissante, et sa parole était celle du combattant de la Grande Guerre, elle était apparentée aux « brisants » français.

Le laboratoire du professeur Bobeau était situé rue aux Laines dans le magnifique établissement réservé à la Faculté de Médecine dirigée par le professeur Dustin.

Vers l'ouest une large baie, d'où l'on découvrait la campagne à perte de vue; à l'avant-plan, en contre-bas, tout ce Bruxelles travailleur serré dans les quartiers de la rue Haute, de Cureghem, d'Anderlecht. Vers le sud, deux grandes fenêtres distribuaient largement la lumière de telle manière que tout endroit du laboratoire était éclairé sans laisser trace d'ombre. Sur les longues tables étaient rangés : microscopes, microtomes, étuves, pompes à vide, et en général tous les instruments pouvant aider à découvrir les secrets de la biologie. Sur le sol, de nombreuses cages en fer, ayant environ un mètre de long et 50 centimètres de largeur, renfermaient les terribles habitants de la jungle : les cobras; leur taille atteignait deux mètres de longueur.

Les vipères étaient représentées par un nombre important de spécimens groupés en enchevêtrements d'une dizaine environ, provenant pour la plupart de la forêt de Fontainebleau qui fournit à l'Institut Pasteur tout ce dont il a besoin.

Le docteur Bobeau était fier de ses élèves qu'il destinait au soulagement des misères de l'humanité. Voyez, dit-il, comme ils sont beaux, me montrant une cage dans laquelle huit cobras arrivés la veille, semblaient déjà s'habituer à leur nouvelle prison. Un taché noir, le cou tendu en une verticale impeccable, faisait la roue gonflant son cou, tandis que sa langue lançait des éclairs fourchus et répétés. C'est une femelle qui me donnera, je l'espère, un sérum parfait pour ces pauvres cancéreux auxquels je veux du bien et la guérison de leurs maladies. Près du taché noir, aux écailles si lisses et à reflets de velours, se dressait en une pose identique, un capelle grand marron, qui à première vue me parut aussi vigoureux que son compagnon.

C'est un bon mâle, me dit le docteur qui, lui aussi, me fournira de nombreux flacons du produit précieux.

Le moyen de reconnaître le sexe? C'est simple. Voyez l'attache de la queue; à l'un elle est plus courte et plus effilée tandis qu'à l'autre elle continue sans interruption appréciable la courbe gracieuse du corps.

Les six autres cobras, fatigués du long voyage qu'ils achevaient en ce laboratoire, dormaient paresseusement étendus ou enroulés sur eux-mêmes.

Pouvez-vous juger assez facilement du degré de leur vitalité, demandai-je au docteur? Vous avez sur ce sujet une longue expérience qui ne vous tromperait plus guère, car c'est par centaines que vous avez dû en sacrifier sur l'autel de la science.

Ce n'est pas aisé, me dit-il, cependant j'attribuerais une bonne vitalité au « grand noir » ainsi qu'au « capelle grand marron », tandis que les six autres me semblent avoir souffert du voyage. Pourriez-vous déceler quelque chose à l'aide de votre pendule?

Le pendule, contre toute attente, car j'estimais que la vue ne pouvait me tromper, donnait une longueur de radiation supérieure aux cobras étendus ou enroulés, tandis que le « grand noir » et le « capelle grand marron » s'attribuaient les dernières places.

A peine rentré chez moi, le docteur me téléphone : vous aviez raison, me dit-il; j'ai dû sacrifier le « taché noir » avant de quitter le laboratoire; je devrai en faire autant du « capelle grand marron » à brève échéance, si je désire faire encore quelques expériences avec ce sujet; je vous félicite de votre diagnostic qui est un bon commencement. Venez demain au laboratoire et je vous soumettrai encore quelques spécimens de cobras et de vipères.

Votre diagnostic d'hier, me dit le docteur, est un heureux présage pour l'avenir? Mais avant de reprendre les expériences sur les serpents, voudriez-vous me montrer la manière dont vous travaillez et me donner quelques explications.

J'avais prévu votre demande, lui répondis-je, aussi ai-je apporté en plus de mon pendule habituel, des baguettes qui extérioriseront davantage les sensations que je ressens au moment où je suis dans le champ d'une radiation.

Il y a beaucoup de genres et de modèles de baguettes : la plus connue, est une branche fourchue de noisetier d'une longueur de 40 centimètres; il y a encore la baguette droite tenue en équilibre, et qui pivote ou s'incline suivant le sens des radiations; la baguette droite tenue en équilibre; celle tenue entre le pouce et un doigt et formant ressort; de nombreux modèles de baguettes métalliques. J'en ai confectionné moi-même plusieurs modèles dont les meilleurs sont en acier de Suède.

Les baguettes les plus employées actuellement sont faites en fanons de baleine ligaturés d'un côté. Chaque montant doit être étudié séparément afin d'en relever les propriétés. Il est parfois très utile de les teinter, afin de syntoniser les vibrations de la couleur dont elles sont couvertes avec celles de l'objet cherché. Celle-ci, dont je me sers couramment, est en fanons de baleine noirs, et la longueur n'est que de 35 centimètres. Pour qu'elle puisse répondre aux mouvements qu'on attend d'elle, il faut la placer en équilibre en la serrant dans les paumes des mains tenues horizontalement, dos vers le sol.

Passant au-dessus de ces granulés de serpents, remarquez l'inclinaison vers le haut ou vers le bas, suivant les vibrations que je ressens; je ne suis nullement maître de ces sensations qui se manifestent spontanément si je suis en état neutre écartant toute volonté ou désir. Il y a une force étonnante dans la torsion de la baguette qui se brise si elle est en bois insuffisamment souple ou arrache la peau des mains si elle est résistante.

Voulez-vous serrer un des côtés de la baguette et vous jugerez vous-même de ces manifestations.

Pourrait-on arriver à relever ou abaisser la baguette par un mouvement imperceptible du poignet?

Certainement, mais il serait impossible de provoquer ce mouvement de torsion que vous avez non seulement remarqué mais senti. Je puis, du reste, vous montrer une expérience connue qui me paraît devoir écarter tout mouvement dû à un réflexe involontaire. Voici deux baguettes dont les manches sont solidaires étant solidement liés par des ligatures impeccables. Vous avouerez qu'il n'y a pas moyen de déplacer l'une sans l'autre et qu'un réflexe les entraînerait toutes deux vers la même direction. Et cependant voyez : une des baguettes a un mouvement ascendant tandis que l'autre a un mouvement descendant, suivant les vibrations qu'elles subissent. Pour obtenir cet effet il me suffit de présenter les extrémités des baguettes dans des champs à signes différents, l'un étant positif et l'autre négatif.

Cette extériorisation de deux forces en des sens opposés, provenant ou se dirigeant vers une unité : l'organisme humain, semblerait s'apparenter aux expériences célèbres d'Ampère : le corps humain serait semblable à un électro-aimant qui sépare les atômes en mouvement suivant leurs charges, soit positives soit négatives.

On y trouverait peut-être une autre démonstration: l'organisme humain en se désintégrant engendrerait ou libèrerait une énergie en électrons positifs et négatifs. Ceux-ci suivant leurs charges se précipiteraient vers les régions qui les attirent.

Il est possible de faire toutes les suppositions, mais il faudrait au moins en matérialiser, dirais-je, l'une ou l'autre, de manière à créer une base, même légère, sur laquelle on pourrait bâtir.

Il me semble, me dit le docteur Bobeau, que les torsions de fanons et à fortiori celles des deux baguettes solidaires, s'inclinant en des sens opposés, ne peuvent être provoquées que par des forces complètement indépendantes de mouvements musculaires. Je ne m'attendais pas à sentir moi-même la torsion qui se manifeste dans un des fanons de la baguette au moment d'une réaction, ni à avoir une preuve oculaire comme celle des deux baguettes qui paraissent se repousser, comme le feraient des corps chargés d'électricité de même nom.

Le pendule agit-il de la même manière?

Les mouvements pendulaires sont aussi faciles à constater et aussi visibles que les mouvements de la baguette, mais celui qui n'en a pas senti le mouvement propre au moment d'une réaction, attribuera facilement la rotation du pendule à un déplacement du poignet ou des doigts. L'expérience type des deux baguettes solidaires se déplaçant en des directions opposées, peut être réédité avec deux pendules qu'il est possible de faire tourner en des sens tels, que l'un a une rotation à droite, celle des aiguilles d'une montre, et l'autre à gauche, le point de suspension étant le même pour les deux brins auxquels les pendules sont attachés. Cette expérience est difficile à réaliser, car les rotations inverses provoquent des chocs entre les pendules ou embrouillent les brins, en outre elle ne donne pas une preuve supplémentaire ou meilleure que celle des deux baguettes solidaires.

Le pendule que voici est mon outil de prédilection; il m'a été remis, il y a déjà quelques années, par l'Abbé Mermet qui fut un radiesthésiste sérieux; c'est lui-même qui l'a conçu, l'a fait exécuter et l'a baptisé de son nom. Il est composé de plusieurs métaux dont les vibrations s'annihilent, semble-t-il, et le rendent comme neutre; l'intérieur en est creux, comme vous le constaterez, afin de pouvoir y introduire un témoin dont les vibrations s'accordent avec celles de l'objet cherché. Son poids est de 63 grammes non compris la chaînette de suspension.

Je possède, en outre, plusieurs autres modèles de pendules travaillés dans l'ivoire, l'argent pur, le cristal clair ou noirci; ils paraissent utiles pour certains travaux.

Cette règle dont vous vous servez m'intrigue, me dit le docteur, voudriez-vous m'expliquer son utilité.

Ceci est plus compliqué, et nous fait entrer dans le domaine des vibrations ressenties par les radiesthésistes. Ce domaine ou cette science n'est basée que sur des expériences dont la moyenne est favorable, mais dont l'ensemble ne constitue toutefois qu'une science expérimentale, une énumération de faits sur lesquels il est difficile d'établir des lois ayant des bases respectables.

Vous avez constaté que le pendule oscille ou tourne au moment où il est soumis aux forces d'un champ de vibrations émises par un corps ; ce champ se manifeste dans quatre directions : le nord magnétique, le sud, un angle propre au corps soumis à l'étude et la verticale. Ces champs de vibrations ont des étendues déterminées que j'enregistre avec le pendule. J'appelle ces étendues : longueurs de radiations, nord, sud, angulaire et verticale.

Il est utile de relever les longueurs de ces quatre radiations pour déterminer les particularités du corps soumis à l'étude ; celui-ci est placé sur un disque prolongé vers le nord et le sud par des règles divisées en degrés ; il est ainsi facile de déterminer les longueurs des radiations nord et sud, les règles ayant été préalablement orientées avec soin vers le nord magnétique. Pour relever la radiation angulaire je superpose un disque mobile du modèle d'un rapporteur qui donne les degrés relativement à l'axe nord-sud. Cet appareil est encombrant et peu transportable.

Pour une étude comme celle que je veux faire en votre laboratoire, il suffit d'avoir une échelle comparative déterminant la valeur des corps entre eux dès lors je ne me sers plus que d'une des radiations, celle allant du corps vers le nord, et afin d'avoir plus de facilité, et de ne pas devoir orienter ma règle très exactement nord-sud, j'ai comme vous le voyez, fixé un fil spécial qui corrige une orientation imparfaite.

Le diamètre de ce conducteur métallique a également son importance ; j'ai remarqué, en effet, que la longueur de la radiation était en fonction de la section du conducteur ainsi que de la matière de ce conducteur. Les divisions de la règle, que j'appelle degrés, n'ont aucun rapport avec une mesure connue ou employée de nos jours.

Il me fallait toutefois un point de départ pour mon échelle comparative et ce fut l'objet d'une longue étude et de nombreux tâtonnements. D'un côté il faut mesurer des champs ou radiations magnétiques essentiellement variables suivant les époques, les jours et mêmes les heures du jour, et de l'autre côté mon appareil mesureur, en l'occurence ma propre personnalité, est soumise aux mêmes variations magnétiques modifiées par l'état physique général, appelé communément : état de santé.

Mon choix s'est porté sur l'oxyde de fer naturel, magnétique : la magnétite; la variété magnétipolaire ou aimant naturel me donne les mêmes longueurs d'ondes. Cette longueur est très approximativement de 45 centimètres, soit dit en passant la longueur de la coudée égyptienne.

Avant de commencer toute étude, je vérifie la concordance avec mon témoin : la magnétite. S'il y a divergence, je rétablis la concordance en employant un aimant qui, en quelques instants, a rétabli la longueur désirée.

Cet exposé sembla satisfaire le docteur Bobeau qui me demanda si tout homme pouvait sentir les vibrations radiesthésiques de telle manière que le pendule oscilla ou se mit à tourner dans les sens intéressants.

Je crois, lui répondis-je, que tout homme ressent les oscillations magnétiques mais sans s'en rendre compte, et la plupart peuvent faire tourner un pendule, toutefois la difficulté en radiesthésie n'est pas de faire tourner un pendule, mais de l'accorder avec les radiations que l'on désire étudier, et d'interpréter les mouvements exécutés.

Comment avez-vous déterminé les valeurs vitales des cobras soumis, hier, à votre diagnostic, puisque vous n'avez jamais essayé ce genre de radiations?

Je n'ai pas essayé d'interpréter les radiations des cobras, mais ai simplement relevé leur longueur d'onde respective; ce faisant j'ai constaté que le taché noir avait une longueur de radiations de 64, le capelle grand marron avait 66, tandis que les autres avaient environ 70. Une déduction très simple me faisait attribuer au « taché noir » une santé inférieure comparativement aux autres, mais de là à supposer qu'il était dans un état tel qu'il devait être sacrifié, il y a de la marge, et j'étais très étonné quand vous m'avez téléphoné que vous l'aviez fait passer de vie à trépas.

« Voulons-nous faire quelques expériences sur des vipères me dit le docteur, et aussitôt il appelait à son aide le fidèle « Tchin » son garçon de laboratoire. C'était un Chinois, type de sa race, noir comme le cobra noir, petit, fin, aux mains effilées créées pour manipuler des coupes biologiques plus fines que les pétales les plus ténues, car leur épaisseur ne dépasse pas les centièmes de millimètre.

En un instant, les flacons, ampoules, et multitudes de petits récipients ayant servi à des expériences terminées ou en cours, disparurent d'une des tables transversales qui avait à peu de chose près l'orientation convenable, et je fus installé au gré de mes désirs.

Le docteur ouvrit une des cages renfermant une pelote de vipères, et après un regard scrutateur repéra le spécimen intéressant. Il avait à sa disposition une quantité de pinces munies de longs manches permettant des explorations dans les milieux les plus cachés de ces venimeuses bêtes pour lesquelles j'ai toujours eu une aversion marquée. Au lieu de se servir d'une de ses pinces, qui me semblait être l'outil tout désigné et de toute sécurité, il retira la vipère de sa cage à l'aide d'une longue baguette souple sur laquelle elle pendait en une double ondulation.

De cette manière je ne puis la blesser, me dit-il, et j'attribue à ce fait une réelle importance, puis, sans plus d'explications il approcha la vilaine bête du bout de la règle afin que j'en prisse la longueur de radiation. Je marquai 68, puis ce fut le tour d'une autre et encore d'autres et je marquai : 70, 69, 69,5, 66, 68, etc.

Vous avez attribué une longueur plus grande aux mâles qu'aux femelles, me dit le docteur ; ce point me semble intéressant, car pour moi, l'organisme mâle est très différent de l'organisme femelle, et ce dans ses fibres les plus intimes, dans la constitution même de son organisme.

Ce point de biologie m'intéresse certes, mais je vous avoue que je ne me sentais pas très en sécurité à proximité de vos vipères dont les têtes frôlaient mon bras au moment où je relevais leur longueur d'onde. Si ce n'était votre longue expérience en la matière je ne vous aurais pas fait confiance aussi longtemps.

Vous avez eu raison de me faire confiance, car réellement il n'y avait aucun danger, la vipère ne pouvant mordre en cette position d'équilibre. En effet le serpent venimeux ne mord pas sa proie comme le ferait tout autre animal désirant s'emparer ou éloigner son ennemi, mais prenant un point d'appui solide, il projette la tête en avant avec une grande force afin de faire pénétrer les crochets dans la masse musculaire. En position de repos les crochets sont parallèles à la tête de l'animal, mais au moment de l'attaque, le serpent les fait pivoter de telle manière qu'ils dépassent la perpendiculaire, lui permettant ainsi l'introduction de ses armes dans des surfaces quasi planes que l'exiguïté de sa gueule ne lui permettrait pas d'enserrer. Dès que les crochets sont enfoncés dans la masse musculaire, les enveloppes qui les entourent se plissent fermant toute issue au venin vers l'extérieur, et le forçant par la pression des muscles, à s'introduire dans les parties les plus compactes des tissus.

Ce sont toutes questions très intéressantes que nous étudierons au fur et à mesure de votre séjour en mon laboratoire, car il vous faudra connaître les éléments de cette branche de la science pour développer vos études personnelles en radiesthésie. Je livre donc à vos investigations tout ce que renferme mon laboratoire : ophidiens vivants ou plongés dans divers fixateurs, produits séchés ou granulés, organes entiers ou en coupes biologiques. Il vous faudra du temps pour vous familiariser et vous assimiler quelque peu tout cela, et j'espère pouvoir en retirer moi-même quelques données intéressantes.

Une besogne nouvelle très étendue s'ouvrait ainsi pour mes travaux radiesthésiques, et je décidai de commencer immédiatement par les serpents vivants, ceux-ci pouvant rapidement, suivant les besoins du docteur ou leur état de santé, passer des cages dans des fixateurs ou des bocaux. Ce faisant, il me serait possible de comparer les radiations aux différents stades, depuis la vie jusqu'aux sérums en passant par tous les degrés des préparations diverses.

J'ai pu relever les radiations d'un certain nombre de cobras, tant mâles que femelles; celles-ci sont au nombre de 11 et les mâle de 14. J'en donne ci-après quelques caractéristiques. Le premier chiffre donne la longueur métrique exacte du serpent, le deuxième chiffre donne la longueur de la radiation sur mon échelle comparative.

Longueur en mètres	Longueur de radiation	Longueur en mètres	Longueur de radiation
Cobras mâles		*Cobras femelles*	
0.89	66	0.76	68
1.15	67	0.85	70
1.40	68	1.08	70
1.42	68	1.30	62
1.46	67	1.34	70
1.62	70	1.35	70
1.65	74	1.44	64
1.67	67	1.48	66
1.69	74	1.52	66
1.74	70	1.53	66
1.75	73	1.67	67
1.77	74		
1.80	70		
2.00	72		

Les longueurs métriques sont relevées après le sacrifice de l'animal auquel on attribue aussitôt un numéro d'ordre.

La longueur moyenne de la radiation, pour les mâles, est de 70°; pour les femelles, 67,4°.

Il y a donc une différence de 2,6° en plus, pour les mâles.

La longueur de la radiation ne paraît pas être en fonction de la longueur du serpent; en effet on constate, chez les mâles, une longueur de radiation identique pour deux sujets ayant respectivement 1 m. 15 et 1 m. 67.

Il en est de même pour les femelles où je relève 68° de longueur de radiation pour deux spécimens ayant respectivement : 0 m. 76 et 1 m. 53 de longueur.

A mon avis, il faudrait plutôt en déduire, que la longueur de la radiation est en fonction de la santé ou état physique de l'animal envisagé. En effet, j'ai remarqué, que certains cobras variaient de 1/2 à 3 degrés à certaines périodes, pour revenir ensuite à leur chiffre du début.

J'étudiai également les radiations d'un nombre conséquent de vipères; il est fastudieux d'en reproduire tous les chiffres. Trente-huit vipères mâles me donnèrent une moyenne de 69°, soit un point de moins que les najas asiatiques mâles : le minimum constaté fut de 68° et le maximum 71°.

Trente et une vipères femelles me donnèrent : 66.3, un minimum de 64° et un maximum de 69°.

Tout comme pour les najas asiatiques, je constate une différence de 2° en faveur des mâles.

J'ai relevé toutefois des chiffres très inférieurs à ces moyennes quand les ophidiens étaient malades; une vipère avait 52° pour revenir à 60° quelques jours après; une autre ayant 59° tombe à 54°; une autre encore ayant 50° remonte à 54° puis retombe à 49° pour ne plus se relever.

Il est donc possible, me semble-t-il, de suivre l'état de santé des sujets placés en laboratoire, ce qui en maintes occasions serait précieux.

Il me semble également que l'époque à laquelle les ophidiens sont capturés a une importance qui n'est pas à dédaigner; il en est de même des soins que l'on met à la capture et ce spécialement pour les najas, car ces derniers sont de nature difficile et extrêmement dangereux pour l'homme qui succombe pratiquement toujours à l'inoculation du venin si l'on ne peut recourir immédiatement à la sérothérapie Pasteur. Les chasseurs de cobras traitent certainement leurs captures aussi doucement que faire se peut, ce qui n'exclut pas une certaine brutalité. Parfois les crochets à venin sont arrachés ou coupés afin d'éviter des morsures lors du transport, moyen violent et parfois insuffisant, car les najas possèdent des dents de remplacement, moins offensives certes, mais capables d'inoculer le venin.

D'autres chasseurs trouvent plus simple de coudre la gueule du serpent. Ce moyen est évidemment radical s'il est bien exécuté, et évite tout danger pendant les manipulations futures; il a en outre l'avantage de laisser les crochets intacts; cependant l'animal souffre autant si pas plus, de cette dernière manière de le traiter. Le docteur Bobeau n'appréciait pas du tout cette couture et, en fait, les serpents à gueule cousue marquaient des longueurs de radiations nettement inférieures à la moyenne.

Par suite de ces traitements, il n'a pas été possible de constater si l'époque de la capture influençait la manière favorable ou défavorable, la vitalité des najas asiatiques.

Il n'en est pas de même pour les vipères qui sont prises par des chasseurs spécialisés. Elles proviennent pour la plupart de la forêt de Fontainebleau, pourvoyeuse de l'Institut Pasteur de Paris. Ces petits ophidiens, quoique moins dangereux que les najas, sont cependant redoutables et peuvent mettre la vie de l'homme en danger dans des conditions défavorables. Par suite de l'exiguïté de leur taille, ne dépassant guère 60 centimètres, il est aisé de les capturer sans les faire souffrir et de prévenir tout danger; elles conservent ainsi toute leur vitalité et l'on peut constater que les meilleurs mois de chasse sont : février, septembre et octobre; les vipères capturées pendant ces mois et spécialement pendant les mois de septembre et octobre paraissent plus vigoureuses, leurs radiations accusent une moyenne plus élevée.

Certaines vipères étaient porteuses d'embryons bien formés; ceux-ci ont des radiations variant de 50° à 60°.

Le docteur Bobeau avait encore parmi ses élèves quelques beaux Zaménis atteignant les deux mètres de longueur. Ces ophidiens, non venimeux, avaient des radiations similaires. Un bon mâle avait 72° de radiation, tandis qu'une femelle marquait 70° soit, comme pour leurs congénères, deux degrés de plus pour les mâles.

Le naja Bungarus n'était représenté que par des fragments, assez importants il est vrai, disposés en de volumineux bocaux. Ils provenaient de l'Institut Pasteur de Saïgon, et contre mon attente, les radiations du plus terrible des najas, dont la taille peut atteindre quatre mètres, étaient similaires à celles des autres najas, soit 72° et 74°.

Le docteur Bobeau prenait grand soin de ses serpents et essayait de les nourrir, ce qui n'allait pas sans de grandes difficultés. Les souris servaient de nourriture, mais il était rare que les najas daignassent y faire attention et, fait étrange, les souris pour la plupart ne semblaient guère effrayées d'être en compagnie d'ennemis aussi redoutables. J'en ai vu plus d'une se faufiler entre les anneaux des serpents et choisir un endroit confortable, ou juchée sur le dos même du naja faisant sa toilette et frottant de ses petites pattes le bout de son museau rose. D'autres au contraire étaient prises d'une frayeur indescriptible, ne savaient où se réfugier prévoyant le sort qui les attendait, et auquel elles n'échappaient pas.

J'avais escompté étudier cette particularité à l'aide de la radiesthésie, mais je n'en ai pas eu le temps.

Où faut-il chercher les raisons de manifestations aussi opposées; d'un côté, tranquillité parfaite, de l'autre, frayeur des plus vives manifestée aussitôt la mise en présence, et cependant, le ou les najas ne semblaient pas faire attention à l'une plutôt que l'autre? Serait-ce dans l'instinct même de l'animal qu'il faut en découvrir la cause, instinct qui ne serait pas équivalent pour toutes les souris, ou serait-ce dans certaines onde annonciatrices de paix ou de guerre? La solution de cette question serait-elle dans les limites des possibilités de la radiesthésie?

Tous ces soins trouvaient leur aboutissement normal dans le sacrifice, et progressivement les ophidiens subissaient leur sort. Au moment précis, le docteur Bobeau saisissait l'animal avec une de ses pinces à longs manches, et armé d'une paire de ciseaux spéciale, il tranchait le cou par un sectionnement net et rapide.

Un entortillement vigoureux s'en suivait, et il fallait développer une force assez grande, même pour les vipères, afin d'arriver à étendre la bête convenablement. Sans perdre un instant, car il fallait conserver aux cellules toute leur vitalité, Tchin fendait la peau ventrale sur toute sa longueur, et au fur et à mesure que la section était effectuée, les côtés étaient étirés et fixés par des épingles de dimension à une plaque de liège en rapport avec la taille du serpent sacrifié. Le corps, privé de sa tête, et ouvert sur toute sa longueur, conservait pendant longtemps une telle force qu'il arrivait que certaines attaches étaient arrachées.

Certain naja se défendît avec une telle férocité et une telle vigueur qu'il fallut, afin de ne pas avoir à déplorer un accident, l'immobiliser à l'aide d'un petit révolver.

Une fois le corps ouvert et fendu jusqu'au cloaque, le docteur, aidé de Tchin, prélevait une partie ou la totalité des organes intérieurs, afin de procéder à une étude biologique complète, et s'assurer que l'ophidien convenait parfaitement au but qui lui était assigné.

Il arrivait fréquemment que, dès la première inspection, l'animal était jugé comme inutilisable et était aussitôt rejeté. J'ai constaté, lors d'une certaine séance d'exécution, spécialement défavorable, que deux vipères seulement sur dix avaient été jugées convenables. A cette moyenne-là, les cages se vidaient rapidement et les sérums difficiles à créer par suite de la rareté des ophidiens. A cette séance, certaine vipère, privée de sa tête et ouverte complètement sur toute sa longueur, avait quitté l'endroit où on l'avait jetée et s'était entortillée autour d'une patte d'une des tables du laboratoire et en avait atteint le sommet. Ceci est la preuve d'une vitalité étonnante ; on la retrouve, du reste, dans l'autre partie du corps sectionné : la tête.

Privée de son corps, la tête de vipère représente bien peu de chose : une petite masse grisâtre, inerte, cependant ses petits yeux ronds sans paupières paraissent encore vous regarder avez défi. Ne vous y fiez point et n'y touchez pas, car si les muscles du corps conservent une vitalité prolongée qui n'offre toutefois pour les espèces venimeuses aucun danger, il n'en est pas de même pour la tête. Touchez une tête de vipère après vingt minutes de sectionnement et même davantage, et vous verrez la gueule s'ouvrir, les crochets se redresser, et les mouvements de la mâchoire être assez vigoureux pour inoculer le venin si les glandes à venin sont restées intactes.

Le docteur Bobeau me contait, que dans certaine région de la France, une coutume populaire attribuait la richesse à celui qui ayant capturé une vipère avant l'aurore, mettait immédiatement en bouche la tête sectionnée. Pratiquant la médecine dans cette région, on lui avait un jour amené une femme, qui ayant suivi le dicton populaire, avait été mordue à la langue, d'où empoisonnement, douleurs vives, gonflement, et le dénouement fatal se produisit.Grâce aux Instituts sérothérapiques, il est possible aujourd'hui, d'obvier à ces empoisonnements, mais encore faut-il s'y prendre suffisamment à temps, avant que le toxique n'ait accompli son œuvre dévastatrice.

La sélection des ophidiens, et le rejet quasi inévitable d'une quantité notable de sujets, était la pierre noire du docteur Bobeau ; j'ai souvent entendu ses plaintes au sujet de la modicité de ses moyens d'étude, le nombre de ses cobras était vraiment restreint ; les vipèridés, faute de mieux, prenaient leurs places. L'inutilisation d'un cobra se chiffrait, m'a dit le docteur, par une perte d'environ

600 francs; ce chiffre se justifie par l'éloignement du lieu de chasse, l'Indochine, où les najas présentent des caractéristiques spéciales; par les frais de capture : le chasseur doit se rendre maître d'un animal sain et vigoureux, le transporter jusqu'à un port d'embarquement d'où il sera acheminé jusqu'en Europe. Le transport par avion était tout désigné, mais les frais en sont considérables. Le prix des sérums s'en ressentait.

Les vipères, par contre, et spécialement l'espèce dénommée « Vipera Aspis » ou simplement « Aspic », abondent dans les environs de Paris; elles sont proches du lieu de destination, sont faciles à capturer et partant le prix s'en ressent de façon notable.

La sélection terminée et les fragments sinon la totalité des organes prélevés, l'ophidien est sectionné en tronçons qui sont plongés dans le fixateur; après l'avoir étudié dans son entité j'allais pouvoir prendre chaque organe en particulier et en relever les radiations.

Le cobra mâle n° 20 présentait les radiations suivantes :

Estomac	67
Foie	69
Intestin	69.5
Poumon	69.5
Pancréas	70
Glande à venin, droite	72
Glande à venin, gauche...	75
Testicule	75.5

Ci-après, un tableau donnant une moyenne relevée sur plusieurs sujets :

Estomac	67
Poumon	68
Foie	69
Intestin	69.5
Rate et pancréas	70.5
Reins	71
Testicules	73.6
Glandes à venin	75

Les organes d'un cobra trouvé mort dans sa cage avaient les radiations suivantes :

Estomac	3
Poumon	5
Intestin	6
Testicules	17
Rate	30
Glande à venin	39

Une classification des organes pourrait être essayée en tenant compte des longueurs de radiations; celles-ci se différencient nettement quand on compare les tableaux : cobra n° 20 et cobra mort, mais ce sont là des extrêmes, et il y a toute la gamme des intermédiaires.

Pourquoi chaque organe a-t-il des radiations différentes de celles de l'organe voisin?

Les liquides fixateurs que je rencontrai dans le laboratoire du docteur Bobeau étaient : le Formol; le Zenker-Formol; le Boin-Hollande sublimé et le Dustin. Leur emploi ne paraît pas indifférent et a une répercussion sur l'organe à fixer. Le Zenker-Formol diminue la radiation primitive de 5 à 6 points; le Formol la diminue de 3 à 4 points; le Boin-Hollande sublimé conserve la radiation primitive à peu de chose près avec une tendance à la diminuer et le Dustin augmente les radiations de 3 à 4 points. Par exemple : une glande à venin ayant une radiation primitive de 72, aura 65 dans le Zenker-Formol, 69 dans le Formol, 71 dans le Boin-Hollande sublimé et 76 dans le Dustin. J'ai évidemment tenu compte dans cette étude de la valeur propre du liquide fixateur considéré.

Après fixation, les éléments de chaque serpent sont desséchés et conservés dans des flacons portant les numéros attribués lors du sacrifice; ils se présentent sous forme de granulés. Les radiations de ces granulés sont d'un demi-point, en moyenne, supérieures au produit initial. Faut-il l'attribuer à une certaine condensation? Les granulés de vipères mâles ne peuvent qu'exceptionnellement avoir 71, tandis que 65 est un minimum; les femelles arrivent à un

maximum de 68 et à un minimum de 65. Ces dernières
paraissent avoir une santé plus stable. Les testicules de
vipères ont un maximum de 76 et un minimum de 72,
tandis que les ovaires ont un maximum de 73 et un minimum de 70. Ces moyennes ont été relevées sur les préparations de 38 vipères mâles et de 31 vipères femelles.

Les glandes à venin situées à droite de l'animal, ont en
général des radiations plus longues que celles situées à
gauche. Fait curieux que je ne m'explique pas.

Le docteur Bobeau suivait aimablement mes travaux,
me donnait des directives, me montrait quantité de coupes
biologiques et tandis que Tchin nous rappelait que l'heure
de midi avait sonné en prenant son petit feutre gris et
glissant vers la porte de son pas feutré, que le grand esca-
lier bourdonnait de pas descendants, nous causions de
toutes ces expériences intéressantes et si neuves pour moi,
et oubliions régulièrement que chez nous, également, on
nous attendait pour déjeuner.

De son côté il s'intéressait davantage à la radiesthésie et
cherchait à s'en expliquer les raisons.

Les organes des serpents étant réduits en granulés,
excepté les glandes à venin, ils passent par différentes
opérations tendant dans la mesure du possible à les déve-
nimer, puis sont plongés dans des dissolvants qui en
extrairont les sérums.

Voulant comparer les longueurs des radiations des dissolvants avec leurs efficacités, qu'il connaissait parfaitement du reste, le docteur fit 5 parts équivalentes d'un
broyage de vipères femelles et ce à la température de plus
de trois degrés centigrades. En voici le résultat :

Solution d'extrait alcoolique à 20°... ... ... 69.7
»   »   »   50°... ... ... 70.2
»   »   »   96°... ... ... 72.4
»   d'eau salée physiologique... ... ... 71.9
»   »   »   de l'extrait acétonique 73.9

Une expérience analogue fut faite à la température de

plus 3 degrés avec cinq solutions identiques en quantité, de vipères mâles.

Solution d'extrait alcoolique à 20°... 70
» » » 50°... 71
» d'eau salée physiologique... 72
» » » de l'extrait acétonique 73.2
» physiologique glycérinée de l'extrait alcool. 75.5

Un broyage de vipères mâles a une longueur de radiations de 72
En solution d'acétone pur 71
En solution d'acétone pur plus alcool chloroformes 70

Un sujet exceptionnel, la vipère mâle n° 22 avait, étant vivant, une longueur de radiation de... 73
En solution dans 2 cc. de glycérine plus 4 cc. d'alcool absolu plus acétone 71

De tout ceci il semble résulter que la solution d'eau salée physiologique de l'extrait alcoolique donne le meilleur résultat.

Une fois les solutions terminées, les broyages étaient considérés comme rebut et jetées.

Quelles seraient les radiations de ces rebuts, me demanda le docteur Bobeau?

Après étude je constatai que les longueurs de radiations n'avaient, en moyenne, diminué que de cinq points et j'en déduisis que les extraits n'avaient pas épuisé, loin de là, les valeurs initiales des produits. Ceci intrigua le docteur; il fit broyer en poudre impalpable certains résidus dont il avait déjà retiré une première solution, et les enroba dans une graisse végétale ou produit similaire convenable, afin d'en confectionner des suppositoires ou des pilules qui seraient donnés aux malades.

Si mes prévisions s'avéraient exactes, ces remèdes devaient avoir une action similaire, me disait le docteur, aux injections par seringues, quoique nettement moins opérantes.

Leur emploi démontra que ces deuxièmes solutions avaient une efficacité à peu près égale aux premières, et que dès lors, les rebuts devaient subir des opérations supplémentaires.

Cette expérience dûe à l'initiative du docteur Bobeau fut un petit succès, car elle avait donné des résultats tangibles. Elle contribua à renforcer les idées radiesthésiques du docteur, et lors d'une conversation, comme celle que nous faisions souvent à l'heure de midi, il me demanda de lui donner des explications sur un appareil que j'employais assez souvent, et qui rappelait, par sa forme, un diaphragme d'un appareil de photographie.

L'oculomètre

J'ai constaté, lui dis-je, que je pouvais à l'aide de mon pendule, relever non seulement les longueurs des radiations, mais également leurs amplitudes. Les longueurs sont variables et chaque corps a les siennes propres. Prenons par exemple un corps quelconque : supposons une longueur de radiation nord de 60°, elle sera positive, puis le pendule cesse de tourner pendant un espace de 2° pour reprendre son mouvement pendant 20°, mais la rotation sera inversée ce qui indique un changement de signe; la longueur de la radiation depuis 62° jusqu'à 82° est négative, et ainsi de suite.Pour certains corps les longueurs des radiations diminuent au fur et à mesure que la distance augmente et pour d'autres corps c'est l'inverse qui se produit. Pourquoi?

Je constatai qu'il m'était possible de relever l'amplitude de ces radiations, et ce, perpendiculairement à l'axe de propagation de la radiation. Le pendule agissant toujours aux mêmes endroits, je conçus l'idée de tracer ces endroits sur le papier, et j'obtins des sinusoïdes se propageant le long de l'axe de la radiation. Ces sinusoïdes variaient suivant les corps, mais pour tous, ils changeaient de signe chaque fois qu'ils croisaient l'axe de la propagation.

Chaque corps avait donc son sinusoïde propre; j'essayai de matérialiser cette idée en créant un sinusoïde conducteur en métal. Ce ne fut qu'en employant un acier de Suède spécial, que je parvins à posséder un sélecteur d'ondes qui me donna satisfaction. Si je plaçais ce sélecteur dans le prolongement d'une radiation, il l'annihilait complètement ou la déviait, à moins que ce ne fut une radiation dont les sinusoïdes fussent identiques à celles de mon sélecteur.

Un fait m'étonnait, c'est que les dessins de mes sinusoïdes et partant mes sélecteurs, n'étaient pas composés de figures homogènes; l'amplitude semblait varier, et les lignes tracées sur les points extrêmes n'étaient pas parallèles à l'axe de la radiation. Il me semblait que je devais attribuer cette anomalie à une faute quelconque de ma part, ou peut-être y avait-il une espèce de diffraction de la radiation.

Je cherchai un autre moyen et ayant pris un diaphragme, semblable à ceux qui sont employés sur les appareils photographiques, je tâchai de faire concorder l'ouverture du diaphragme avec l'amplitude de la radiation étudiée? Pour les corps dont j'avais précédemment dessiné l'amplitude, ce fut des plus faciles. Il me suffit, en effet, d'ouvrir le diaphragme au diamètre exact de l'amplitude; l'œil étant impressionné par la radiation passant par l'orifice, le pendule extériorisait la sensation.

Je fis de nombreuses expériences avec des appareils de fortune et constatai toujours les mêmes résultats. Je fis alors construire un appareil très exact qui pouvait me donner des amplitudes variant de 1 à 50 millimètres. Cet oculomètre, si je puis l'appeler ainsi, était construit de telle façon que, tout en le tenant de la main gauche, il était possible d'actionner avec un doigt de la même main, un curseur qui amenait le diaphragme à l'ouverture exacte, permettant ainsi à la sensation reçue par l'œil de s'extérioriser par le pendule. Une réglette divisée en degrés, donnait par une lecture facile, le diamètre de l'ouverture.

Je complétai l'oculomètre par une série de jauges et obtins ainsi une précision atteignant le vingtième de millimètre ce qui était encore insuffisant.

Avant toute opération, je devais nécessairement contrôler à l'aide de la « magnétite », si mes dispositions « magnétiques » étaient conformes au chiffre de base, sur lequel l'édifice fragile était construit.

Certaines constatations sont bien obscures. Pourquoi par exemple, une radiation de 1 millimètre ne peut-elle passer par un orifice de 2 millimètres? Cette radiation de 1 millimètre passera parfaitement par un orifice de 1 millimètre, et par aucun autre, à moins évidemment qu'il ne soit ouvert démesurément, et d'une manière telle qu'il ne puisse y avoir aucun rapport. Il semble normal que la radiation soit arrêtée, si les points extrêmes de son amplitude se butent à un obstacle, mais si l'obstacle est levé pour les points extrêmes, pourquoi la radiation ne passe-t-elle pas?

Je ne puis savoir, non plus, pourquoi mes dessins et mes sélecteurs n'étaient pas composés de lignes parallèles, tandis qu'avec l'oculomètre je puis suivre une radiation depuis son début jusqu'à son point final.

Malgré ses imperfections l'oculomètre me rendit service, et je parvins à obtenir des chiffres de base, tout comme je les obtenais avec ma règle spéciale. Les avantages de ce système sont nombreux, et peuvent être comparés aux moyens limités dont nous disposons avec la main, et les horizons que parcourent notre œil.

Cancers

Le docteur Bobeau m'entretenait fréquemment de ses travaux en Indochine, alors qu'il était à bord du *Dupleix*, et des raisons qui l'avaient poussé dans la voie scientifique qu'il suivait. Il a du reste fait paraître dans différentes publications et entre autres *La Revue de Pathologie comparée et d'Hygiène générale* des exposés très intéressants sur les structures organiques des serpents, et en particulier sur celles des glandes à venin.

Une série de recherches commencées bien avant la guerre 1914-1918 à la Faculté de Médecine de Paris, puis à l'Institut Pasteur de Saïgon et continuées depuis 1932 à la Faculté de Médecine de Bruxelles a permis de constater chez certains serpents venimeux une particularité fort intéressante pouvant se résumer ainsi :

Lorsque l'état général de ces animaux se trouve grandement perturbé comme il arrive notamment au cours de certaines de leurs mues, on voit apparaître puis se développer, dans leurs glandes venimeuses, des altérations structurales tendant à l'anarchie cellulaire et tissulaire qui caractérise, entre autres choses, les lésions cancéreuses.

Pourvu que le serpent ne soit pas trop âgé et pour autant qu'il continue de vivre dans des conditions normales et sous son climat habituel, le retour à l'état général d'intégrité physiologique coïncide avec une cicatrisation spontanée des lésions métaplastiques locales ci-dessus signalées.

Il s'agit en effet d'une capacité défensive de l'organisme du serpent, lequel organisme présente déjà une immunisation naturelle contre les venins des serpents de même espèce due à ce que la glande venimeuse ne fait pas que secréter du venin (salive toxique), mais qu'elle en fait passer une certaine quantité dans l'économie de l'animal.

Il paraissait donc indiqué d'essayer de conférer aux cancéreux humains cette propriété de cicatrisation automatique et spontanée des serpents vis-à-vis de ses lésions métaplastiques apparues non moins spontanément quand l'état général est sérieusement compromis.

Les recherches du docteur Bobeau ont montré que les injections de solutions diluées de venin de cobra, par exemple, n'amenaient nullement la fonte de tumeurs cancéreuses humaines.

Trente années de travaux ont permis au docteur Bobeau de réaliser des extraits de l'organisme de serpents au moment où ils présentent au maximum leur réaction défensive spontanée et temporaire. Ces extraits, dont la toxicité due au venin qui imprègne sang et organes a été le mieux possible annihilé (extraits dévenimés d'organismes ophidiens, en abrégé EDOO) sont injectés sous la peau à raison d'un centimètre cube par jour et pendant un certain temps. Ils ont déjà donné depuis 4 ans des résultats fort encourageants.

Les cancéreux sont nombreux, aussi l'étude histologique des différentes tumeurs est besogne courante au laboratoire d'Anatomie pathologique. J'y trouvais toutes les possibilités d'études relatives aux différents cancers et en relevai les diverses réactions, soit qu'elles provinssent d'animaux, chiens et cobayes, soit qu'elles fussent émises par les tissus des ophiriens en état anarchique, soit qu'elles provinssent de tumeurs humaines.

Les services de l'hôpital Saint-Pierre, contigu à la Faculté de Médecine, apportaient fréquemment des fragments de tumeurs cancéreuses ou jugées telles, afin qu'elles soient examinées biologiquement et que leurs natures et leurs malignités soient déterminées. Les opérations de fixage, enrobage, découpage au microtome, coloration, demandent beaucoup de soins, et un temps relativement long. Aussitôt apportées, j'essayai, à l'aide des radiations, de classer ces tumeurs, et comme elles étaient toutes, par la suite examinées histologiquement, il m'était facile de constater le bien-fondé de mes prévisions radiesthésiques.

Les épithéliomas et les sarcomes étaient, par suite de leurs malignités, les tumeurs les plus courantes sur les tables du laboratoire. Si la classification en était assez facile il était pourtant un point par lequel les éléments de chaque classe était dissemblable. Les épithéliomas étaient tous des épithéliomas et se classaient vers 52° et cependant on aurait cru que chaque nature y avait mis du sien propre.

Voici quelques chiffres de réactions angulaires:

Epithélioma	... ...	52°
»	seminum	66°
»	de cobaye...	67°

Sarcome   ... ...   75°
Epulis   ... ...   87°

Les chiffres compris dans l'arc de 52° à 87°, marquaient les caractéristiques des tumeurs cancéreuses.

En plus de la radiation angulaire je procédai en tenant compte des longueurs de radiations et le tableau se présentait comme suit :

Epithélioma de la langue	113	111	97	52°
» de l'œsophage ...	113	109	97	52°
»	113	113	97	52°
» seminum	142	134	116	65°
» d'un chien	125	130	95	67°
» d'un cobaye	125	129	92	69°
Intestin cancéreux de cobra ...	125	129	91	79°
Sarcome	132	142	122	75°
» d'un rein féminin ...	132	142	122	75°
Epulis	160	168	145	87°

Le docteur Bobeau me donnait, avec une amabilité et une complaisance remarquables, de véritables conférences avec démonstrations, à l'aide des coupes biologiques, des tumeurs que j'avais étudiées. J'étais émerveillé de la précision des méthodes qui aboutissaient à la détermination des phénomènes se passant au sein des tissus organiques.

Il arrivait à décrire, comme je l'ai constaté un jour, à un de ses confrères en médecine, l'état d'un malade depuis la gravité de l'organe touché jusqu'aux détails relatifs à la santé en général, comme l'appétit, par exemple.

Qu'est-ce que des radiations invisibles en comparaison de faits contrôlés? Cependant il y a plus de faits invisibles que de visibles et nos sens sont bien limités. Que faire, par exemple, sans microscope? Si la physique avec ses atomes, véritables microcosmes composés de leurs centres dirigeant d'innombrables satellites, les électrons, reste un problème, il en est, je crois, tout autant de la médecine qui ne parvient que bien difficilement à scruter les profondeurs de l'organisme humain.

D'après vos radiations, le cancer est-il une maladie générale ou locale, me demanda le docteur Bobeau.

Pour essayer de répondre à cette question il me faudrait, lui répondis-je, trois gouttes de sang d'un sujet atteint du cancer. Ces éléments témoins étant en ma possession je lui répondis, que les radiations indiquaient une concordance quelque fut l'endroit de l'organisme considéré et que dans ces conditions j'estimais que le cancer était une maladie généralisée. Des expériences similaires furent reprises maintes fois et j'obtins toujours la même réponse. Je n'avais personnellement aucune idée sur cette question qui ne relève que de la médecine, mais le docteur Bobeau me dit par après, qu'il y avait deux écoles en présence, dont l'une préconisait la généralisation et l'autre la localisation.

Prenant un des témoins, sang de cancéreux, et un de ses flacons de sérum, le docteur me demanda si ce sérum-là convenait? Je vais faire injecter à ce malade 1 cc. de ce produit, qu'en croyez-vous?

Que cette injection lui sera des plus nuisibles, et qu'en peu de temps vous le ferez peut-être mourir tant il y a désaccord entre les radiations, lui répondis-je.

Présentant alors un autre flacon dont l'extérieur était identique au premier : et celui-ci?

Si j'étais le malade, je vous demanderais de me l'injecter car vraiment celui-ci ne ressemble aucunement à l'autre et les concordances des radiations sont totales. Quelle différence y a-t-il?

Le premier témoin sang, provient d'un cancéreux masculin et le premier flacon de sérum que j'ai présenté est extrait d'éléments ophidiens femelles; le second flacon est extrait d'éléments ophidiens mâles. Vous avez répondu très simplement et rapidement à une question dont la solution m'a demandé beaucoup de temps et de travail. Mes premiers essais furent faits sur des cobayes et il m'en fallut un nombre important avant de me rendre compte que les mâles devaient nécessairement être traités avec des sérums provenant d'extraits d'ophidiens mâles, tandis que les femelles devaient, elles, recevoir des injections provenant d'ophidiens femelles. Si vous injectez à des mâles des extraits femelles, ils meurent rapidement, tandis que s'ils sont soignés avec des extraits mâles, je parviens à les guérir presque tous.

Le docteur m'ayant remis comme d'habitude une goutte de sang témoin, me demanda de quel genre de tumeur la femme était atteinte?

Après quelques instants je lui répondis que la femme en question n'était pas atteinte du cancer, et que je ne retrouvais aucune corrélation entre ces radiations et les différents témoins cancers que j'avais à ma disposition.

Cependant, me dit-il, vous devez vous tromper, car j'ai vu cette femme, et elle est atteinte d'un cancer au sein; en plus de cela, les différentes réactions, généralement employées, sont positives, donc vous devez faire erreur.

Le docteur m'expliqua que cette femme avait reçu un coup très violent sur le sein en allant puiser de l'eau dans un puits profond. En remontant le seau plein d'eau elle avait laché la manivelle qu'elle avait essayé de rattraper en jetant les bras en avant, mais le mouvement avait été trop brusque, et la manivelle avait frappé le sein avec violence d'où tuméfaction et formation d'une tumeur qui paraissait être de nature cancéreuse.

Je puis faire une contre-expérience lui dis-je : puisque cette femme a le cancer d'après vous, quel serait le sérum que vous lui injecteriez? Si le sérum lui est utile, c'est que ma première expérience est fautive, car j'ai travaillé avec les témoins « cancer » que je possède.

Aucun des sérums présentés ne marqua une concordance de vibrations, et j'en conclus que la femme était indemne du cancer.

L'état de la malade n'exigeant pas une prompte intervention, le docteur Bobeau conseilla de différer le traitement, tout au moins pour quelque temps.

Après trois mois environ le docteur me dit : vous aviez

raison, la femme n'a pas le cancer, elle est en bonne voie de guérison.

Le docteur Bobeau me donna de nombreuses occasions d'établir des diagnostics ainsi que des dosages de sérums, qu'il connaissait cependant parfaitement.

J'essayai de suivre les malades en me servant du témoin « sang »; si les dosages de sérums avaient été appliqués, à mon insu, par les médecins traitants, tels que je les avais prévus, j'avais à ma disposition un organisme dont je pouvais dégager une documentation des plus intéressantes; je me servais à cet effet de feuilles similaires à celles employées couramment par les infirmières pour documenter les médecins.

La nature des témoins a une importance certaine; faut-il employer le témoin « sang », « urine » ou « salive »? Il me semble que le témoin « urine » est préférable, mais je me sers habituellement du témoin « sang » par suite de sa meilleure conservation et de son maniement plus aisé.

Pour obtenir une concordance des vibrations on peut employer le témoin « organe », le témoin « maladie », bactéries, etc., et le témoin « remèdes ».

Le témoin « organe » me semble bien difficile à posséder. Quel est en effet l'organisme parfait? La perfection de cet organisme, est-il perfection pour tous les sujets en général? N'y a-t-il pas plusieurs classifications de sang; le sang idéal pour un organisme déterminé, l'est-il pour un autre?

Il en est de même pour le témoin maladie. Tout malade évolue suivant son état et la scarlatine de l'un, par exemple, n'est pas la scarlatine de l'autre.

Mes préférences vont donc au témoin « remède » qui indiquera en même temps que le point déficient, le moyen reconstituant approprié, dont le médecin traitant sera le seul juge.

Pour terminer je citerai encore un diagnostic d'un genre assez spécial.

Lors d'expéditions à l'étranger, me dit le docteur Bobeau, les médecins traitants se plaignant parfois de certains inconvénients provoqués par mes sérums, inconvénients qui ne m'ont pas encore été notifiés par des médecins de Bruxelles ou situés à des distances peu importantes. Comme vous m'avez dit hier, que vous partiez pour une dizaine de jours en auto, voudriez-vous emporter quelques flacons de mes sérums afin de pouvoir en suivre les réactions pendant votre voyage.

Je partis donc avec trois flacons de sérum, emballés convenablement et à l'abri de la lumière, toutefois la température était élevée, 25° environ, ce qui modifiait considérablement l'état habituel de ces produits qui sont conservés en chambre froide. Dès le troisième jour, les trois solutions avaient augmenté de deux points chacune, deux d'entre elles baissèrent ensuite de 3 points pour revenir à leur degré initial le cinquième jour.

La troisième solution se montra instable, et à mon retour elle avait augmenté de 5 points, cependant elle paraissait limpide et n'avoir subi aucun changement appréciable. Après examen au microscope, le docteur me dit que cette solution avait souffert du voyage et qu'il y avait moyen de remédier à cette défectuosité.

Je tiens à déclarer ici et ce à l'honneur du docteur Bobeau, qu'après tout ce que j'ai vu, je n'aurais plus aucune crainte d'avoir le cancer, pourvu que je sois soigné convenablement avec des sérums provenant de najas indochinois.

En juin 1939 je demandai au docteur Bobeau ce qu'il pensait de la radiesthésie et fort aimablement il me remit la lettre que j'ai reproduite au début de ces pages.

François de HEMPTINE.

CONCLUSION

En terminant cet ouvrage, j'ose espérer avoir apporté mon humble contribution à propager les méthodes radiesthésiques en permettant aux médecins de les expérimenter librement. Ils pourront constater dès le début de leurs recherches qu'il existe certains phénomènes qu'ils ne pourront pas comprendre totalement mais, on ne doit jamais l'oublier, la radiesthésie *s'apprend* mais il faut l'étudier.

Je terminerai en formulant le vœu de voir, un jour, la création d'une clinique radiesthésique, où tout ce que la radiesthésie peut employer pour le diagnostic et la thérapeutique se trouvera condensé et mis à la disposition des médecins. Nul doute que des résultats objectifs seront alors obtenus et que les contradicteurs seront confondus car les méthodes seront employées sans entraves et sans le méchant désir de faire échouer ces procédés, en ordonnant d'autres médicaments sous le couvert de la radiesthésie : tous les moyens sont bons pour ceux que la radiesthésie incommode.

Le célèbre docteur Carnel écrivait en parlant de la science :

« Le voudra-t-elle, il le faudra bien un jour ; elle a toujours été obligée de reconnaître la vérité ; mais avant d'en arriver là, avant de se libérer de ses œillères opaques, elle a toujours su inventer les *mots qui blâment, les mots qui essayent de tuer.*

» La radiesthésie n'échappe pas à cette règle, elle sait que tout passe... *sauf la vérité, sauf la justice,* et elle sourit à l'avenir, car elle aura sa revanche ; et ne s'en orgueillira pas. »

Je recevrai avec plaisir toutes les objections qui me seront faites au sujet de ces deux nouveaux ouvrages, il ne faut pas oublier que « l'union fait la force ». C'est donc votre concours à tous, chers lecteurs, que je sollicite afin de nous aider à mener à bien le travail que nous nous sommes assigné : « Servir », aider l'humanité souffrante.

G. DISCRY.

TABLE DES MATIERES

Le Diagnostic Médical Radiesthésique

LEGENDE DE LA PAGE 56

1 — Région frontale :
Périostite.
Névralgie supra orbitaire

2 — Joue (partie supérieure) :
Névralgie.
Périostite.

3 — Joue (partie inférieure) :
Oreillons.

4 — Oreille :
Otite.

5 — Gorge :
Pharyngite.
Amygdalite.
Goitre.

6 — Sternum :
Hypertrophie des ganglions bronchiques .

7 — Epaule :
Rhumatisme chronique et aigu.
Arthrite rhumatoïde.
Arthrite tuberculeuse.

8 — Poitrine :
Mestite.

9 — Côté latéral de la poitrine :
Névralgie intercostale.
Pneumonie.
Pleurésie.
Rhumatisme.
Herpès zoster.

10 — Bras :
Rhumatisme aigu.
Arthrite rhumatismale.
Névrite.

11 — Mains :
Rhumatisme chronique.
Crampe des écrivains.

12 — Région hypocondriaque.
Pleurésie.
Pleurodynie.
Rhumatisme aigu.

13 — Région épigastrique :
Pleurésie diseptenymatique.

14 — Région ombilicale :
Salpingite.
Péritonite tuberculeuse.
Rhumatisme.

15 — Région iliaque :
Rhumatisme chronique.
Ovarite.
Prostatite.
Salpingite.

16 — Région pubienne :
Affections ligamentaires.
Fibrômes utérins.
Prostatite.

17 — Cuisse :
Névralgie ainale antérieure.
Névrite.
Sciatique.

18 — Genou :
Arthrite gonnostrique.
Inflammation rotulienne.
Synovite (traumatique).

19 — Jambe :
Périostite.
Rhumatisme.

T. S. V. P.

20 — Pied :
Goutte.
Névralgies.
Engelures.
21 — Vertex.
Périostite (syphillitique).
22 — Région pariétale :
Névralgie (de la 5ᵉ paire)
Rhumatisme.
Périostite (syphillitique).
23 — Région occipitale :
Névralgie (de la 5ᵉ paire)
Rhumatisme (céphalody-
nie).
24 — Région cervicale :
Rhumatisme.
Adénite cervicale.
Torticolis.
25 — Région dorsale et scapu-
laire :
Pleurésie.
Pleuro-pneumonie.

Tumeurs (simples).
Rhumatisme chronique.
Inflammations
Affections pulmonaires.
Affection pleurales.
26 — Région lombaire :
Lumbago.
Endométrite.
Ovarite.
Rhumatisme
Colite.
Epididymite.
Goutte.
Hémorroïdes.
27 — Cuisse :
Sciatique.
28 — Mollets :
Périostite.
Sciatique.
29 — Talons :
Goutte.
Maladies ovariennes.

Vous avez une question sur l'Hermétisme, l'Esotérisme ou la pratique des Sciences Occultes ?

L'Encyclopédie Ésotérique vous apportera des réponses et des mises au point précieuses. Cliquez www.ceodeo.com

L'Encyclopédie *Ésotérique* ainsi que les articles, dossiers, cours et essais que vous trouverez sur notre site s'adressent tant aux profanes qu'aux spécialistes.

Collège Ésotérique et Occultiste
d'Europe et d'Orient
(CEODEO) www.ceodeo.com

www.ingramcontent.com/pod-product-compliance
Lightning Source LLC
Chambersburg PA
CBHW060403090426
42734CB00011B/2240